A Letter to My Children
An Italian American Family's Heritage

A Letter to My Children
An Italian American Family's Heritage

Una lettera ai miei figli:
patrimonio di una famiglia Italo Americana

Laura M. Alberghini Ventimiglia

Translated by Diletta Ballati

Laura M. Alberghini Ventimiglia

Buttieri Press, LLC
Gloucester, Ma
USA

ISBN: 978-0-9976486-0-7
Library of Congress Control Number: 2016951289

Published by
Buttieri Press, LLC
15 Riverside Ave., Gloucester, MA 01930
www.buttieripress.com

Produced by
Great Life Press
Rye, NH 03870
www.greatlifepress.com

Book design: Grace Peirce

To those family members profiled herein for their love
and commitment to

la famiglia:

Luigi (Louis) Alberghini, Maria (Mary) Govoni Alberghini,
Ruffillo Alberghini, Maria Rosa (Rosina) Ranieri Alberghini,
Giuseppe Guarino, Anna Giacalone Guarino

He who careth not from whence he came,
careth little whither he goeth.

—Daniel Webster
American Statesman
1782-1852

Contents

Illustrations

Preface

I HAD ALWAYS been curious about my Italian heritage, yet I had never fully explored it. I used my last undergraduate semester to do so. I realized that studying my heritage would help me understand my identity as an Italian American female and help my five children understand theirs. I thought this would be particularly advantageous as my family comes from Northern Italy and my husband Frank's family is from Sicily. Although the core value of family existed in both our ethnicities, some cultural differences were noticeable.

This study, then, my culminating submission in the Adult Degree Program (ADP) at Vermont College of Norwich University in Montpelier, Vermont, was an introductory examination of the two cultures within the history of Italy's socio-economic culture. It incorporated genealogical research – the search for ancestors, and research of family histories – the search for and recording of family stories. This current work, the original version of which was written in 1985 in partial fulfillment of the requirements for my Bachelor of Arts degree, is presented in the form of an autobiographical letter to my children that discusses our Italian heritage and is accompanied by ancestors' profiles that depict the story behind our ethnic differences.

For others who may be interested in pursuing a search of their own family, I offer these experiences of my process.

I did not hesitate to contact anyone I thought could help. If I could not find a book, I wrote to the publisher. If I read a book and thought the author would know where I could find more information, I wrote to him or her. You see, while there was ample information about Sicily, there were few studies regarding Northern Italy's culture. I contacted travel agencies, in particular the Italian Government Travel Office (ENIT) in New York, as well as Italian American organizations. Italy's twenty regions differ in dialect, tradition, food, economy, and in numerous other ways. One could easily find information about Tuscany, birthplace of the Renaissance, or Veneto, homeland of Venice. There is a scarcity of studies regarding Northern Italy, however, and the particular northern region I was looking for, Emilia-Romagna, was the least examined of all.

My frustration at the lack of resources and information quickly skyrocketed. Luckily, I chanced upon two very helpful conversations: a telephone call with Dr. Alice Rossi and a meeting with Dr. Laura Govoni. My conversations with both of these women resulted in my recognizing the primary value of meeting with relatives and old family friends.

Dr. Alice Rossi was the Harriet Martineau Professor of Sociology at the University of Massachusetts-Amherst's Social and Demographic Research Institute. She was interested in my work because I was raising questions about the differences in Northern and Sicilian cultures that, to her knowledge, had not been asked. Dr. Rossi assured me that cultural books on Northern Italy did not exist. She also convinced me that my best source of information would be people, regardless of whether or not such information was available.

Dr. Laura Govoni was the seventy-year-old daughter of Augusto (Gus) Govoni, whom I visited in Connecticut. My purpose in meeting with Gus was to learn information about family members that would aid in my genealogical research. You'll notice throughout this book, though, that I learned a lot more than names of ancestors from times gone by! Yet, before I had the chance to begin my conversational interview with Gus, his daughter, Laura, came into the room. We were introduced and she asked about my project – my purpose, goals, and methodology. She was a registered nurse who had authored books related to the medical profession. More importantly for this work, she also was a professor of anthropology at the University of Connecticut under-graduate and Boston University graduate schools of anthropology. Realizing the type of research I was doing, she suggested I consider adapting certain anthropological methods. She provided me with a number of resources, the most helpful of which was *The Life History in Anthropological Science* by L. L. Langness.

In compiling life histories, he says, "all kinds of data are valu-able: photographs, . . . tape recordings, . . . items manufactured by the individual, . . . an inventory of the person's household, . . . descriptions or maps of the location of his houses and gardens or both and so forth."[1]*

This list of resources is similarly valuable when conducting genealogical searches and researching family histories, with addi-tional documents such as military service records, land records, passenger lists, birth, marriage, and death certificates.

I adapted, then, the anthropological discipline and combined it with genealogical methods in an attempt to understand the sociological effects on the personalities of my ancestors. This, of course, was in addition to my academic studies and research of Italy's history and culture.

Tape-recorded interviews were invaluable. According to Lang-ness, they are a "gathering of data through direct or indirect ques-tioning. [They are also] an indirect means of observation." The success of each interview depends, however, on the interview-er's rapport with her subject. As Langness also points out, "each ethnographer is in some respects a unique personality in a unique setting and must be able to adjust to the reactions his presence brings about in those he wishes to study."[2]

---

*From Langness L. L., *Life History In Anthropological Science 1E*. Copyright 1965 South-Western, a part of Cengage Learning, Inc. Reproduced by permission. www.cengage.com/permissions

This description came to life when I listened to my taped interview of Gus Govoni. I heard the mistrust or hesitancy in his voice. Yet he spoke freely to my father about Ruffillo and Domenico, my father's grandfather and great-grandfather respectively. A short time into their conversation he blurted out, "What is she doing?" My father replied, "She's doing a history of our family." "Interested in your grandfather?" Gus asked and started to speak once more about Ruffillo. (I should mention that people I interviewed easily confused generations and sometimes referred to my great-grand-father, for example, as my grandfather.) I remember that he then turned to me directly and stopped looking out of the corner of his eyes, although he was still assessing my trustworthiness.

I decided to put aside my family for the moment and began to ask him about himself and his family in Italy. In listening to the taped interview I recognized this as a turning point. I heard a change in his tone of voice and he told me to move closer and sit on the stool at his feet.

He talked a lot about himself. In fact, I wondered if he would ever mention my family again. But then, I thought – why should he? What 102-year-old man, who has survived all those years on this earth, would want to talk about anything except himself? It seemed to be a privilege he deserved. A wonderful surprise awaited me, however, when I listened to the taped interview. I realized how much Gus had taught me about Italy and the town of my ances-tors while he talked of himself. He passed on priceless information that brought my mysterious heritage to life.

As with Gus, the same hesitancy was noticeable in my inter-view with Frank's grandfather, Giuseppe Guarino. He responded more freely to Frank or his mother. So, after the first interview, I prepared questions and reviewed them with Frank, explaining what my goals were so that he would know what other questions to ask to draw out the information I wanted. Then together, we interviewed his grandfather through conversations during visits to his home.

I realized in both these interviews that the interviewees

responded better to people with whom they already had a close relationship. Even though Gus and my family were friends, I had never met him before, so I was an outsider. Although I knew Frank's grandfather fairly well and by now had been accepted into the family, I was still a Northern Italian asking questions about his life as a Sicilian. Until I proved myself in this particular situation, I was suspect. In general, developing a rapport with the interviewee was critical. This became the initial focus of my interview technique, to take the time for the interviewee to get to know me, become comfortable with me, and trust me.

There was one other interesting factor in the interviews – the difference in people's versions of family stories. The following excerpts from my interviews with Gus and Irma McGuff, my aunt, regarding Ruffillo, my great-grandfather, and Maria Rosa, my great-grandmother, are an example:

GUS   Your grandfather was a beautiful man. Ruffillo was the best man in the whole town. He was the one to start to build up the town. One of the best man in the town – Ruffillo.

Gus credited him with building several buildings, running a café, restaurant, grocery store, and dance hall. He did not mention Ruffillo's wife, Maria Rosa, at all in his conversation.

Aunt Irma had previously, in informal family conversations, called Ruffillo a rogue, stating that he was quite the ladies' man. In my taped interview she said:

IRMA   And she [Maria Rosa] actually, I have no idea what his family background was, but she made him basically the most important man in town because she was a successful businesswoman. And, as I said, he was like a gentleman farmer – he just enjoyed the fruits of her labor.

It appeared from other sources that Ruffillo was both a rogue and a wonderful man. While he may have enjoyed women, in some ways he was responsible for raising the economy or living standards in Dodici Morelli. But these discrepancies posed several questions. Did Gus only see that part of Ruffillo because he was too young to understand the other? (Unlikely; he was twenty-four years old and married when he came to America.) Was the mistress an accepted and unmentioned way of life? Did, and do, men stand up for men and women stand up for women?

Existential questions like these require long hours of research and observation over an extended period of time and were not the purpose of this work. For this work it was enough to recognize the discrepancies in people's stories and take them into account. But the reader must be aware that this is my interpretation of events. I pieced together information, tonal inflections, people's different perspectives, and my own point of view, all of which affected my interpretation. The scenarios, then, may appear differently to others.

Langness further says about interviews, "it is also important to keep a detailed record of the context of the interview. That is, were you told something in an 'unguarded moment' or in a relaxed or formal atmosphere? Did you find it necessary to probe for the information or was it volunteered? Was it in the context of a group discussion or alone? Who was present? It pays for the interviewer to jot down [his] own impressions." Collectively, these recorded notes help to interpret the data from the interviews. Additionally, the interviewer must really know himself and admit to prejudices. In other words, "how much of his work reflects himself and how much reflects objective reality?"[3]

Gilbert Doane, in *Searching for Your Ancestors*, contributes to the discussion on interviewing by saying that the same questions should be asked of several people. Because each person interprets events differently, you, the researcher, will want to uncover as much information as possible enabling you to produce as objective a picture as possible. He stresses the importance of breaking through oral tradition in an effort to uncover the facts. Besides objectivity, the facts can affect your ability to locate documentation as well as your family's identity. He uses as an example a family whose oral tradition had it that there was Indian blood in their veins. It turned out that their ancestor had been captured and raised by Indians, but he was not an Indian.

One last comment on the interview process – transcribing. This was a very tedious task and averaged twenty hours of work per one-hour interview. Transcribing the interviews myself was, however, vital. I heard things I had missed during the interview itself. I realized how inaccurately I had been listening while conducting the interview. I was able to prepare more fully for further interviews and refine my technique. When all the tapes were transcribed, I had an overall impression of their contents and discerned possible connections or themes. I easily flipped from one transcribed interview to the other to piece the actual information together using the contextual framework gained through the process of transcribing.

But there is an accompanying frustration to the interview and transcription process. I found I was overloaded with some facts and lacking others. Either the people I interviewed did not know any more than they had mentioned or I had failed to ask the right questions – or enough questions. A good example of this was Gus's recounting the death of my grandfather's brother:

GUS   And then another one died in Manchillo [?
                name of town]. He died a young kid. He died
                I think in 1900. He was at school, I think they
                were playing; I think they were in the church.
                Something fell out – loud – a restraint. And
                he died.

This excerpt was from a cousin's taped interview of Gus in 1982, which I transcribed. I was not able to get additional information from Gus and the details are still missing. It was not uncommon, then, to listen to a tape and feel the need for more information.

Now, during my interviews, I observed interactions regarding language between Gus and his two daughters, Eva and Laura, and Frank's mother and grandfather. This provided an insight into the Italian American family structure that I've also observed in other ethnic families. I noticed that second generation sons or daughters interpreted the English their first generation parents were using. Some Italian words, their meanings, and even phrases are not easily translated into English. The speaker must then change her way of thinking from Italian to English. Gus's daughters grew up knowing Italian but were used to thinking in English, so could quickly translate concepts. You will find in my *Letter* excerpts from transcribed interviews that include family members' interpretations. I do want to note, however, that this thought process was also noticeable in interviewees who spoke both fluent English and Italian, yet they made their own revisions as they spoke.

This work, as mentioned, takes the form of an autobiographical letter. In the first part, I discuss how the "crisis" of the Italian American dilemma went unnoticed, how it affected me, and how I hoped to avoid having my children go through the same experience. I also discuss the Italian family structure, the roles each person plays and the psychology behind them. It seemed appropriate to focus on the family, as my goal was to understand my ethnicity in its familial context and my identity as an Italian American woman. Embedded in these discussions are comparisons of the two cultures that were particularly noticeable in the combined heritage of our Northern and Sicilian backgrounds.

Then, in an effort to preserve the past, I discuss, in the form of personality profiles, six of my children's ancestors, and include a selection of their experiences with the history and culture of Italy. The first two profiles are of my paternal grandparents Luigi (Louis) Alberghini and Maria (Mary) Govoni Alberghini. Next are Luigi's parents, Maria Rosa (Rosina) Ranieri Alberghini and Ruffillo Alberghini, my great-grandparents. The last profiles are of Giuseppe

Guarino and Anna Giacalone Guarino, my husband's maternal grandparents. (See the Family Trees and Maps of Italy and America that follow the Acknowledgments.)

There were several considerations for choosing to profile these particular people. Luigi and Maria Alberghini from Northern Italy, and Giuseppe and Anna Guarino from Sicily, were all first generation immigrants. That gave me a common basis for my research, comparisons, and discussions. I chose Maria Rosa and Ruffillo Aberghini because I had uncovered a wealth of interesting information about them from old family letters, documents, and interviews with relatives and family friends.

Finally, I discuss the implications of our Italian heritage as it can be used towards creating a better world. I believe, given the psychology behind our familial roles, that Italian Americans embody the origins of feminist attitudes, which are necessary in transforming the wrongs of society. The origins of these feminist attitudes and the role of women as the center of *la famiglia*, can be traced as far back as the Earth Mothers who reigned across the Mediterranean before the emergence of Christianity, to the Renaissance Feminists who wrote in defense of women's "dignity and capability"[4] with a humanistic philosophy during the humanistic era; and continue with the Italian women socialists of the late 1890s and early 1900s. Today, then, the Italian and Italian American family, grounded in humanistic attitudes that include a feminist center, can extend its roles and values into society at large, thereby contributing to the creation of a fair and just civilization.

Participation in creating a better world occurs through Mary Daly's feminist be-ing who lives out the verb I AM, as described in *Beyond God the Father*. The feminist, female or male, actively participates in correcting society's injustices extending worldwide, starting with her own neighborhood – injustices that range from unequal rights between women and men, unfair welfare systems, inhumane treatment of others, be it in prisons, human trafficking, or within society in general, abuse of women or women's values in the workplace, poverty, or the threat of nuclear war. Although the specific goal of feminism changes with time and societal context, the ultimate goal, as I see it, is to work towards the common good for everyone. After all, isn't the one integral to the other – working to improve the condition of women and creating a better world?

My work from 1985, recorded herein, is only a beginning. The family history and genealogical aspects of my research continue. I remain committed to bringing my ancestors to life as well as expanding my knowledge of Italy. Yet I believe that one cannot fully understand Italian culture without living it, so my goal in 1985 of visiting my ancestral towns became a reality beginning in 2014.

Why rewrite and publish this work now, you might ask, thirty years later? Several reasons account for its current publication. First, publishing it preserves, more firmly, the heritage of my children and our family in the United States and in Italy.

Second, the interest today in learning of one's heritage, regardless of ethnic origin or immigrant generation, is greater than when this work was first researched and written. The myriad genealogical online databases – both free and at a cost, such as familysearch.org, hosted by the Church of Jesus Christ of Latter-Day Saints, and Ancestry.com – testify to this. Also indicative of increased interest is a variety of television shows, such as the American Public Broadcasting's "Genealogy Roadshow." This phenomenon has as many explanations as there are people searching – whether young or old or of whichever ethnicity – yet the reasons are likely akin to Arvin Temkar's. Temkar, a second generation Indian-Filipino American, grew up with "no sense of" his "own history" and is only now learning about his family, searching out his past. Temkar's parents, like many immigrants, "were the type of head-down immigrants who focused on the future, not the past. They didn't tell stories about the old land."[5] They, like others, each for their own reasons – religious persecution, poverty, war, oppression, or opportunity – left their homelands, denied their past, and came looking for a better future in America.

(Dear Reader, there are common immigrant experiences within ethnic groups. Between these covers, then, you may find stories similar to your own. Yet each ethnic group and each individual's story is unique and the telling of these stories contributes to our nation's collective identity. My hope is that these stories come to light and that this work will encourage you to write your own story.)

And finally, publishing this book now addresses the absence of available resources and perhaps helps to dispel some of the ethnic misunderstandings that still exist regarding Italian history, culture, and migration experiences, particularly related to Northern and Sicilian societies. Interest in migration experiences flows in both directions, Italians to their American *famiglia* and Americans to their Italian kinfolk. Here in the United States, the Public Broadcasting Station's 2014 documentary series, "The Italian Americans" and, in Italy, the publication in 2013 of *Nulla Osta Per Il Mondo L'Emigrazione Da Renazzo* (*Nothing Precludes the World: Emigration from Renazzo*) attest to this growing curiosity. The PBS documentary aims to debunk the mythification of Italian Americans and to tell the real story of their history in America. *Nulla Osta Per Il Mondo* is a study of the migration of residents of the town of Renazzo in the region of Emilia-Romagna to America and the Commonwealth of Massachusetts.

Laura M. Alberghini Ventimiglia

Notes: The compounded nationality of Italian American is written without a hyphen unless one has been used by an original source that is being discussed.

In the genealogy tradition, men are listed or named first. Men's names or stories often appear here before women, in keeping with that tradition; yet the flow of this work – in part – begins to shift that focus in the interest of harmonizing the presence of women with men.

This story is written for two audiences – Americans and Italians. As you read, please be patient with what might seem like repetitious or common knowledge to you, understanding that it may be new information to another, particularly regarding locations of towns and cities.

The contents of this book are primarily based on my research, observations, and the resources available to me at the time it was initially written in 1985. The stories recounted herein belong to their owners – Luigi (Louis) Alberghini, my Nonno, as told to his daughter Irma and others, Augusto (Gus) Govoni, Elena Cevolani Benotti, and Giuseppe Guarino. I have tried to honor them by retelling their stories without criticism or comment, except when I was confident that doing so added value for the reader. Please understand that other people will have their own stories, and while recent findings and research have provided clarification of some originally written discussions or stories, my ongoing research may uncover new information or newly interpreted information that could offer different analyses and explanations than those currently presented. For now, I hope that this book inspires discussions and awakens memories that lead to further knowledge of the topics discussed and my family.

Acknowledgments

MANY THANKS TO the following people who participated in the original project of this work, who contributed to the contents of this book, or who supported its publication:

Family members and friends who passed without knowing of the legacy they left behind:

Louis R. Alberghini, Elena Cevolani Benotti, Doris Govoni Bianchini, Peter Ferrarini, Carolina (Carrie) Govoni Furtado, Augusto (Gus) Govoni, Laura Govoni, Giuseppe Guarino, Norma Govoni Sconsoni, Louise Tassinari, Madeline Scola Ventimiglia.

Loredana Tedesco who encouraged my love of Italy, whose translations of my family's documents appear within this book, and who also passed without knowing of her contribution to this legacy.

M. Irma Alberghini McGuff who offered invaluable insights, willingly shared her knowledge and experiences growing up as the youngest child of Luigi (Louis) and Maria (Mary) Govoni Alberghini, and who provided unwavering support and encouragement.

Pauline E. Bresette Alberghini whose friendship with M. Irma Alberghini McGuff led to the next generation of Alberghinis, who made significant contributions to this book, and who has always been devotedly supportive of me throughout this and all of my endeavors.

Mary A. Guarino Ventimiglia who provided a gateway to understanding the Sicilian way of life.

Frank J. Ventimiglia who embodies the value of *la famiglia* and has always honored me as its center.

Raffaella Tassinari Ballati of Renazzo, FE, Italy, who inspired the publication of this book, provided information, and who opened the door, in 2014, to family research in Italy.

Fabio Alberghini of Dodici Morelli, FE, Italy, who, in 2015, offered contextual understandings that clarified some of the original interpretations in this book, particularly that of anticlericalism in Northern Italy and also provided information about the churches and parishes of Dodici Morelli and Renazzo.

The people in the church parishes and convents, state civil offices, land association offices, and cemetery offices in Italy who generously spent time searching for family records and helped breathe life into my family's history: Don Ivo Cevenini, Suora Pellegrina, Sig.ra Claudia Tassinari, Sig.ra Arianna Folchi, Sig. Tiziano Campanini, Sig. Daniele Pinca, Sig. Oliviano Tassinari.

The readers of the manuscript who offered varied and valuable insights into its content and those who shared their talents to create the graphics, to edit and prepare the photos, and provide technical support – to whom I am forever grateful because without the generosity of their expertise this book would not be worthy of publication:

Readers – Lisa Bresette Alberghini, Diletta Ballati, Elsa Ekblaw Marshall, Janice DiBiase Severance, Fayette Severance, Frank J. Ventimiglia;

Graphics – Alicia Ballati who also designed the logo for Buttieri Press, LLC, Kristen Ercha;

Photos – Wendy Juden Murrin; Kendra Lee Pino Dott;

Technical support – Michael Lindberg;

Book design and production – Grace Peirce, Great Life Press.

Alberghini Family

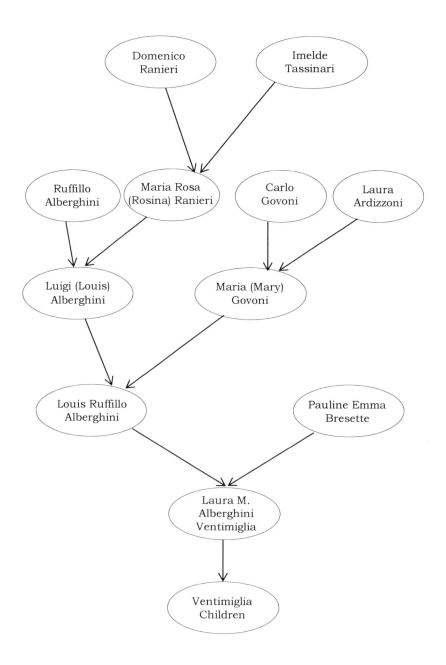

Guarino Family

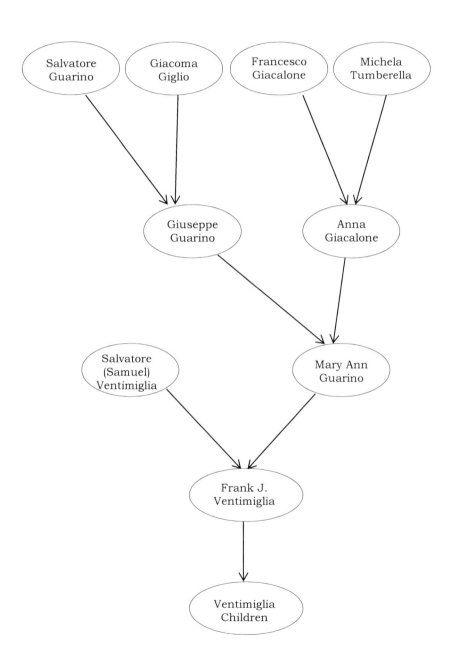

Italy

Renazzo
Dodici Morelli • • Cento
Bologna

Genoa

Palermo
Marsala

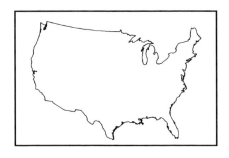

United States
of
America

Northeast Region

Rochester

Burlington
Boston
Plymouth

New York

The Letter Begins . . .

My Dear Children,

I HAVE COME to appreciate and understand my identity as an Italian American. I am writing this so I might help you appreciate and understand yours as well. In the past, a vagueness surrounded my ethnicity. That vagueness created a vacuum in my identification as an individual, which I began to recognize during the 1980s and have been exploring ever since.

I am a third generation Italian American. Yet, my Italian heritage has mystified me since I was a little girl. Silently, I wondered what it meant to be Italian. I wondered how it influenced my life.

I do not, however, want to mislead you. My quest has not been a major focus until recently. I have, at other times, worked at understanding myself by examining my psychological development, my sexuality and my role as a woman in today's society and, as I age, I anticipate continued self-reflection. These are all influences that impact each person's identity, informing her choices in life, and creating the person she becomes. Regardless, then, of one's background, a single influence does not define who we are. I have, however, always felt drawn to my Italian heritage. I am not now discounting other influences on my individuality and simply jumping on the ethnic bandwagon. But because I have always been perplexed by my Italian origins and sensed, in a cloudy haze that hovered at the back of my mind, that it was at the core of who I am, I thought that learning about my ethnicity would perhaps fill a void in understanding myself.

For me, this process instinctively began and was hastened by the news of Aunt Alma's illness. The knowledge that she would soon die awakened within me the realization that many family members associated with my past were gone. I realized, too, that I had not taken the time when I was younger to find out about my grandparents and their life before they came to this country: I was in too much of a hurry to become my own person.

I knew then that I wanted to know my connection to the past. I wanted that for you, too. So, I began a search for family pictures that could hang on our walls and become part of our consciousness, like the photograph of Grandpa Giuseppe Guarino's family – mother, father, and three brothers.

Salvatore Guarino, Giuseppe's father, in a peasant style woolen three-piece suit and flat, round cap, sporting a full mustache, is standing to the right of his wife, Giacoma. Grandpa's three brothers are also standing: Antonio next to his father, Giacomo and Francesco beside their mother. The brothers, looking younger than fifteen years old, are holding stogies as if in between puffs. But my eye is drawn to Grandpa's mother, standing with one hand resting on her husband's shoulder, while the other hand holds a small, worn purse by its thin chain. Her dress, bloused on the top, cinched at the waste, and buttoned from the waist up with contrasting collar and cuffs, is long and hangs to the floor. Her hair, pulled severely off her face into a bun, reveals high cheekbones on an unsmiling face. This formal portrait was taken and sent to Grandpa in exchange for the money he sent them for passage to America. I can hear the statement that picture makes – "No, Giuseppe, we will struggle and survive this condition of *la miseria* that is our unfortunate inheritance."

Or, the picture of Laura and Carlo Govoni, seated side-by-side, looking somber. Laura is wearing a long skirt with a silky sateen blouse, a broach at her neck, her hair softly swept up and capped with a bun. Carlo is dressed in a suit and tie, donning a full mustache. Their six children, at the time the picture was taken, surround them: four girls, Maria, Norma, Carrie, Lena, in

Sunday-best dresses – and two boys, Vincenzo, and Louis, in suits and ties. Nonnie[1] (Maria Govoni), standing slightly behind her mother and on the edge of the group, is a young adult. She is the only girl not wearing a big bow in her hair. Her face has lost its childhood innocence. She seems to know and accept the life expected of her; the look on her face is peaceful and reflective.

Although seeing and displaying these pictures in our home helped me connect with my past, I came to realize that identification goes beyond a face in a frame: it's knowing the past that shaped those faces. And that is when I learned I was not alone in my feelings of emptiness regarding my ethnicity.

As I began searching for our ancestors' stories, which included immigration experiences, I learned that in 1974 this void had been entitled the Italian-American dilemma by Dr. Richard Gambino, founding professor of Italian-American Studies at Queens College in New York. This dilemma referred to the experience of a "third generation person" who, upon achieving maturity found himself "in a peculiar situation." Although Italian immigrants belonged to "one of the largest minority groups in the country" at the height of the migration wave, members of this younger, third generation felt isolated. They had "no affiliation with or affinity for other Italian-Americans." That feeling of isolation was caused by the fact that whatever had been inherited "from their Italian background" had become abstract. It had become "so distant as to be not only devalued but quite unintelligible to them." People were left without roots or a strong sense of identity and it was a "lonely quiet crisis."[2]

This crisis, recognized as a major problem for the third generation of Italian Americans, is the reason that I write to you now. My identity and your father's as third generation Italian Americans are different than yours as fourth generation. My grandparents, your great-grandparents, Nonnie and Nonno, Luigi (Louis) Alberghini and Maria (Mary) Govoni Alberghini, came from the region of Emilia-Romagna in Northern Italy while your father's grandparents, Giuseppe Guarino and Anna Giacalone Guarino, and

Madeline Scola Ventimiglia and Francisco (Frank) Ventimiglia, also your great-grandparents, came from Sicily. Your ethnicity, then, is a mixture of both the Northern Italian and Sicilian cultures. By studying our ancestors' stories, I hope to address this third generation phenomenon in my identity, and help bring you closer to understanding the collective ethnic influences in your identity.

My purpose here, then, is to jump back in time to our first generation Italian American grandparents – those who immigrated to America – and begin exploring their Italian homeland and immigrant experiences without delving into a comprehensive study and analysis of the full immigrant condition. Simply learning about my ethnic background and that of your father's can help us better understand the impact of our ancestral influences on our identities.

The reason for this Italian American dilemma was undoubtedly the requirement that immigrants had to reject their homeland as a necessary survival technique in a new country whose ways clashed with theirs. Wanting better for their children, they willingly endured the pain of denying their homeland – its traditions and way of life – and the pain of facing the new immigrant discrimination in an effort to become American. And now, understanding this immigrant condition as I do, Nonno's mantra that I heard repeatedly growing up made sense: "We are in America; we will live like Americans."

This void, this crisis, was created by *acculturation*. Acculturation refers to the process of taking on the culture of another group and abandoning the culture of one's own group. In our family, it meant Italians changed their ethnic culture to that of America; a culture that stemmed from its English forefathers. Early theorists believed that the third generation, solidly grounded in American culture, could then begin to reclaim what their parents had given up – their Italian heritage. These third generation Italian Americans could shape their identity by combining creativity with inquiry and reflect upon the meaning of their heritage. They could learn "to live not only as a rooted person but also to live beyond one's roots and shape the emerging synthesis of contributions coming from various ethnic groups."[3]

And so, the melting pot theory became more meaningful than its original intent. According to Glazer and Moynihan (1970), "an American who leaving behind him all his ancient prejudices and manners, receives new ones from the new mode of life he has embraced . . . [and] individuals of all nations would be melted into a new race of men."[4] Now, however, instead of leaving behind one's ethnicity it could be combined with the ethnicity of other cultures and in that way create a new race of men and women.

In addition to the problems created by acculturation, though, I also faced another dilemma in trying to understand my past. The majority of Italians who migrated to this country were from Sicily, like your father's family, and from Southern Italy. (The charts on the following pages show the statistical information and indicate that Sicilians and Southern Italians accounted for 80% of the Italian immigrants from 1899-1930, when records were kept as such.)

Sicilians and Southerners were considered barbaric on both sides of the Atlantic – in their New World and among their Northern Italian countrymen. Their high rate of illiteracy, low technical skills, wild outbursts and behaviors, primitive ways, and their dark hair, dark skin, and stocky build led to this perception. Because they migrated to America in large numbers and because they were unlike other immigrants, there was a greater impetus to understand them and their culture. Some studies, then, are available regarding their societies.

Northern Italians, however, migrated in smaller numbers. They were generally educated and on the surface, their values and lifestyles resembled those of other European countries. They were, therefore, more readily accepted. As a result, few formal studies of their culture exist. So, when I did recognize and want to understand my ethnicity, there was no place to turn – except to those people who knew Italy, and also knew my grandparents and great-grandparents. People like Augusto [Gus] Govoni.

Breakdown of Northern and Southern/Sicilian Italians migrating
to the United States at five year intervals.

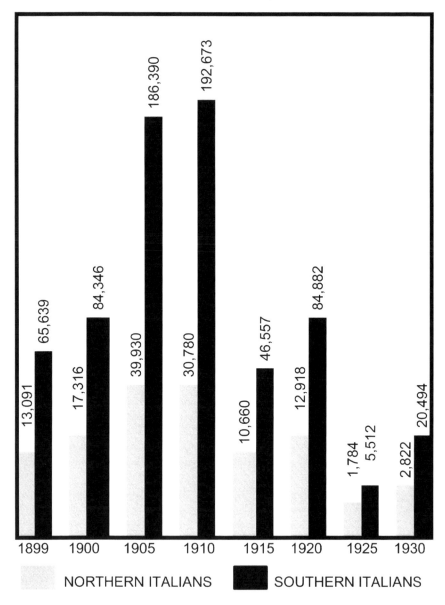

SOURCE: Report of the Commissioner General of Immigration

NOTE: Italian immigrants after 1930 were recorded as one group.
Previous to 1899 alien races were not recorded.

Total number of Italian immigrants arriving in the United States from 1899 to 1930

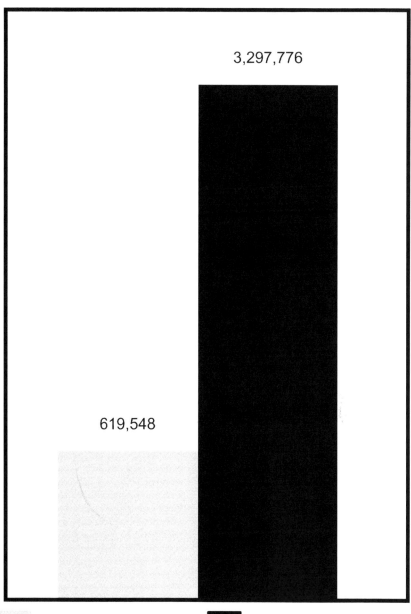

3,297,776

619,548

 NORTHERN ITALIANS ■ SOUTHERN ITALIANS

SOURCE: Report of the Commissioner General of Immigration

Gus and Nonno were born in the same small town in Italy – Dodici Morelli, also known as XII Morelli because *dodici* is the Italian word for the number twelve. This little town is in the District of Cento, Province of Ferrara, Region of Emilia-Romagna. Their families knew each other there. Nonno and Gus were friends growing up and they remained friends after their immigration to America. Gus was an amazingly sharp and witty man at 102 years of age. Unlike Nonno who spoke perfect English, Gus spoke broken English and at times had difficulty finding the right words to express himself. On occasion, his children would interpret what he was saying.

In Italy, Gus's family members were cattle dealers and lived a slightly different lifestyle than Nonno, whose family members were merchants, property owners, and landowners. While both families were financially comfortable, Gus's family wealth was hit or miss. When the family needed money, Gus's father would look for people who had cattle to sell and people who wanted to buy. But wealth in Italy by no means meets our standards here in America. I'll let Gus tell you the difference in his own words:

GUS   I'll tell you. The jobs there in Italy and this one is different. In there there was not work and here there is work. And if I have money enough to go back to go in the business there I would rather than here. But to work in the factory is better here. The job I had was nice.

LAURA   [Gus's daughter] They were cattle dealers.

GUS   Businessmen. You own a farm. You want to buy a cow. The other want to sell it. It was a nice life. But here you have to get up early in the morning to go to work. And people in Italy, they got to work – very little pay. Here, think they get more. My job was different – on the farm. We had a piece of land on the house. My father never buy me a shovel to work on.

LAURA   You see, he was the oldest of five sons and his father believed that his sons should be brought up not to use their hands, to use their heads. That was his philosophy. And he was a good breadwinner himself – sell cattle, a good trade and had enough money so they could enjoy it and they would. When the cockles got low then he'd go out to make another sale.

And when the cockles were low they were poor. The whole town was poor, perhaps not as poor as life in Sicily where families could go days without eating, but they also did not live the comfortable life that most Americans experienced even in the early twentieth century. Gus's father and Nonno's father were probably two of the richest men in that town. But they were not upper class. Dodici Morelli did not have an upper class. Gus describes its poverty and the reason:

GUS   Our town was poor, living very poor. In Dodici Morelli that the way they lived . . . a girl turned a rich woman and when she make her will to give everyone a piece of the land, the poor people. So Alberghinis, Govoni, Balboni all their names there; they belonged to get the land. So every twenty years they divided. You... that is fifty families own this land. They get a piece each. After twenty years they give it every – see, you have a piece of land and when you died every sons, every boy get a piece of land. So after twenty years all this. Poor boy. Their family growing bigger and the land getting smaller. They call it division – every twenty years.[5]

So now they get a very small piece of land. But on that small piece of land they had to live. They had a little bit of corn to make polenta, little… they make a wheat to make bread. They have a line of trees from one to another they'd grape. And the tree that was broken to get warm in the winter. Very poor. Some of them had a pig. If you can afford it you got a pig to eat for yourself. Later on you had to sell it.

They used to go in the wintertime. You know where they go to warm up themselves? – in some stables. Some had seven or eight cows. They go there with a bench and they knit or do some kind of work to keep warm. Misery. No transportation. We don't have no schools. Tiramola [also Tiramolla – nickname for Dodici Morelli] has only one school until the second grade.

But, before I get carried away and recount stories that I've heard about our families (I'll do that later), let me discuss the psychology behind some Italian beliefs and behaviors. Understanding the Italian mindset will perhaps help in understanding our ancestors and ourselves.

Because Nonnie and Nonno were from Northern Italy, I tried to examine the values, beliefs, and behavior patterns that were specific to their culture. But I also wanted to understand Southern and Sicilian values, beliefs, and behavior patterns because your father is a Sicilian-Italian American. I recognized differences in our ethnic backgrounds early in our courtship. As your Italian American identity comprises both these influences, I also thought it would be relevant to your own understanding of self.

Unfortunately, the stereotyped Italian, based mostly on Sicilian immigrants, was and remains a distortion. This distortion had been created in two ways: by the white Anglo-Saxon Protestant interpretation of Italian behavior (particularly via the mass media) and by the Italian Americans themselves who, absent from their ancestral origins, did not understand those origins.

The Italian family is an unusual union of patriarchal and matriarchal roles. Because I am trying to understand my familial roots, it is this structure that I will consider. The man may very well be the head of the family, but the woman is its center. In her ideal-ness, she is the center of *la famiglia*, she is the "minister of internal affairs."[6]

The stereotypical "Italian mamma" is perhaps the most distorted image: her place is in the home and her value is based on how well she takes care of her husband and children. To a certain extent that is all true. But the depth of her worth is unrecognized and by United States standards she is not as important as her husband. In reality, she is the giver of life – life in every sense of the word. As the giver of life, whether through childbirth, nurturing relationships, instilling the values and training that preserved the traditions, working to financially support her family or cooking, she is more valuable than her husband. Her husband and children recognize her position and honor her because of it.

The Italian Mamma cooking wonderfully delicious meals over a hot stove is also an inaccurate perception. She does cook great meals and though the types of food differ by northern, central, southern, and Sicilian regions, its meaning is fundamental to all of Italy. Food, synonymous with Italian women, "is the symbol of life, of all that is good and nourishing. . . . It is symbolic both of life and of life's chief medium for human beings, the family. . . . Meals [are] a 'communion' of the family, and food [is] 'sacred' because it [is] the tangible medium of that communion." It connects sons and daughters to their fathers who provide it and their mothers who cook it and who may also provide it. The value, then, of *la mamma Italiana* is found in what the food she prepares represents

– it is the "host of life"[7] served as communion in her home.

This Italian Mamma, angel of food, greets people at the door. Mistakenly seen as a symbol of hospitality, food is served to relatives, friends, and guests as a communion as well. Once all have shared a common meal and are united through it, they can begin submerging into the depths of true conversation. The woman has the responsibility of preparing and extending to everyone this gift of life.[8]

Perhaps because women are the givers of life, they understand best its loss. "Women mourn dramatically, even histrionically. They mourn for the whole family. It falls upon them to express the bereavement of the entire clan. They do not merely weep. They rage against death for the harm it has done to the family."[9] So, when Grandma (your father's mother) really cries and cries – sobs – at wakes or funerals, when she throws herself on top of caskets at graveside, she does it unwittingly, knowing that it is her role.

When a woman dies, her death is viewed as disastrous; so valuable is she to the family structure. In this perspective, without its center, the order of the family is disrupted and the family is likely to dissolve. A new center may be created yet, according to Gambino (1974), it does not happen easily, if at all. Life, therefore, as given by the Italian Mamma may no longer be forthcoming.

I believe this attitude, most notably attributed to Sicilians and Southerners is also found in Northerners. Sicilian families, however, are much more vocal about the ravages of death.

Grandpa Guarino, sitting at the table in his kitchen, one hand covering and rubbing the other, angrily said over and over again, "it isn't fair. She [Grandma Guarino] shouldn't have died first. The home belongs to the woman."

While I never heard Nonno say that, it was obvious that Nonnie was the center of his family life. I remember that shortly after she died he got sick, a bad cold I believe. One day he went to my mother and father's house; they lived next door. He walked in and said, "Pauline, I don't feel well. I think I'll stay here for a while." He never really went home again.

Differences in family formations affect the Italian view of death. In Northern Italy death is less frightening or devastating and is accepted as a part of life. The extended family structure found in Northern Italy provides alternatives in the case of death, where support for the family, and by extension its center, is shared. In Sicily or Southern Italy, where the family unit consists only of immediate family members, survival is not guaranteed. Thus, as in our family, Nonno's response to Nonnie's death was subtler – he knew his family extended to ours and we would take care of him.

The status as center of *la famiglia* was awarded to women with a simple act, noted in Sicilian and Southern Italian traditions, when celebrating the nuptials and is indicative of the unique patri-archal and matriarchal blending of Italian culture.

> During a wedding feast, the groom would cut the choicest part of the nuptial meal and ceremoniously serve it to his bride. This was a token vow on the part of the husband to place his family's needs above his own. Outsiders mistakenly thought this gesture was a romantic one made to the supremacy of the wife's needs. Not so. Implicit in it was the understanding that the bride's needs would also be subordinated to those of the new family established by the wedding. The bride received the tribute as the symbolic center of the new family. (Richard Gambino, *Blood of My Blood*, 2nd ed., [Toronto: Guernica, 1974], 160)

Women represent all that is home and family. Love of home and love of one's birthplace is "a symbol of the continuity of family," which is intricately coupled to mothers.[10] Soldiers who wrote home during the various Italian conflicts all wrote to their mothers of the things they missed. Immigrants, lonely in a foreign country, often spoke of missing their mothers. Italian American men often had the reputation of being "mamma's boys," which is inaccurate once the position of the mother is understood. For immigrants, mamma represented family *and* their homeland.

Now, three and four generations later, we are even further removed from the society from which our values originated. We experience conflicts as a result of the distortions created by the clash of different worlds. These misunderstandings affect husband and wife relationships within the family. Further, in our male dominated American society, these misunderstandings often lead to a misinterpretation of the position of the woman as the center of *la famiglia*. Her position is not valued nor is she honored for that which she gives her family – work inside and outside the home, nurturing support, and uniting all through a communion of food. Such devaluation diminishes everyone in the family.

In addition to her own family, the Italian American woman's function as center of *la famiglia* extends to being "the center of the life of the entire ethnic group."[11] Examples of an Italian or Italian American woman's position as center –*il centro* – of her ethnic group include, according to Gambino (1974), the histrionic mourning at funerals and the preparing and serving of food as communion to *paesani* (fellow countrywomen and men). The screams of her excessive mourning at funerals are on behalf of the multitude – the children who do not understand yet the ravages of death, the men who mourn in the *pazienza* (patience) of their role, and yes, even the women who – for whatever reason – may be unable to weep or openly lament the loss of life. By serving food as communion – the host of life – she is uniting all – immediate family, extended family, paesani – one to another.

I think her role is deeper than this; the woman is not just the center, she is the heart – *il cuore* – of the entire ethnic group. She extends to the multitudes the same nurturing passion that she gives her own family. And, when she is outside the immediate ethnic group she becomes the Italian or Italian American representative where on behalf of the entire clan she practices the same nurturing passion for all, regardless of another's ethnicity, beliefs or values. And, others expect that of her given her Italian heritage. Fast forward, for example, to today's workplace. She listens, she supports and advocates for, she mentors, she works collaboratively with concern for those affected by any one decision or action. She sees herself in relationship with others and, to this group too, she brings people together through the communion of food served at meetings, events, or activities. Although she may not have prepared the food in the tradition of her ancestors, she arranges for it to be served knowing it will lead people to the depths of true conversation and unite them in working towards the common good for all.

Through my self-examinations, I became very much aware of women's strengths that in the past were considered weaknesses and the capacity of these strengths. Our vulnerability, our feelings of helplessness, can show the importance we place on doing a job right. Our concern to do a job properly is reflected in our willingness to work together. Our emotions and ability to nurture show that we care about other people and relationships. Our creativity combined with our willingness to cooperate and ability to nurture show that we can work together for the common good. We come out of different experiences than men. That is not a criticism of men, rather an acceptance of our differences. We are equally worthwhile as contributing members in society.

Feminism, the ideology behind the worldwide women's liberation movement, maintains that women are oppressed, a power imbalance exists between women and men, and the empowerment of women is critical along with establishing equality among the sexes. The definition of feminism changes with "era and cultural context." It morphs across time and perspectives. It is not, therefore, "monological."[12] There are also differing nuances in the feminist ideology of the United States and that of Italy. For me, I prefer what I consider the global welfare position of Italian feminists noted by Lucia Chiavola Birnbaum in *liberazione della donna: feminism in Italy.*

> . . . [F]eminism – empowerment of women – connotes a struggle involving culture, class, and gender . . . [it is a] self-determination against oppression and exploitation of one people over another, one sex over another. [It is]

> shaped by a multipolar dialectic: gender as well as class, ecology as well as economics, the nuclear threat to the planet, and the global difference between rich nations . . . and poor nations. ([Middleton, CT: Wesleyan University Press, 1986], xx)

This *Letter* is not intended to be a treatise on feminism, yet it is difficult to ignore the intricate nexus among the Italian women's position of honor, feminism, and the subservient status of American women.

The "women's liberation movement," in the United States and in my generation, "strongly objects to historic patterns in which women could define and fulfill themselves only in terms of their relations to men" and family. For the Italian American woman with the pressure placed on her as the "center" of the family, the women's liberation movement has a much greater impact than equal pay for equal work. The Italian and Italian American woman has always worked. She may have worked at low status jobs that paid poorly rather than prestigious jobs, for the sake of earning any amount of money for her family, or her work has been in the home. The "pressing concerns," then, for Italian American women within the liberation movement, "are with their own education and working out new relations with their parents, husbands, and children"[13] and being recognized, honored, as the symbolic center of the family.

Unfortunately, there are not many universal examples to follow for women who want to break out of the stereotype. Women have been portrayed as unthinking, incapable, non-productive objects whose purpose it is to satisfy men's needs. Although the past thirty years have seen improvements in recognizing the value of women and their contributions to society be it the workplace, government, local communities and families, there is still much to do. A possible solution for breaking out of the stereotypical model; women can write their own stories.[14] I refer to a book by Carol Christ, *Diving Deep and Surfacing*, in which she says:

Women's stories have not been told. And without stories there is not articulation of experience. Without stories a woman is lost when she comes to make the important decisions of her life. She does not learn to value her struggles, to celebrate her strengths, to comprehend her pain. Without stories she cannot understand herself. ([Boston: Beacon Press, 1980], 1)

Because, throughout my research, people talked first and foremost about Nonno or the men in families and what they did for society, I found myself asking over and over again – what about the Italian woman? I noticed a silence surrounding Nonnie. I wondered, what was Nonnie like? I uncovered the booming presence of Maria Rosa, Nonno's mother, and wondered how she affected her family. I heard about Grandpa Guarino's mother, Giacoma, and caught a glimpse of the support she provided for her family. Yet, the influence of the first generation Italian American women – Nonnie and Grandma Guarino – was obscured by the stereotyped image of the Italian Mamma.

By this time I had also become aware of the National Organization of Italian American Women.[15] I realized that if an organization had been established to support women of Italian heritage then the significance of our ethnicity was as important to others as it felt to me. I could no longer ignore this aspect of my being. Beloved daughter, I ask you too, to give special attention to our womanhood and ethnicity. Look at the stories of your female ancestors, not merely as an example of broken stereotypes, but for the strengths that characterize those who break models. I ask the same of you, my sons, consider these women and their strengths when engaging in relationships and participating in society.

As I remember Nonnie, she was quiet and silently determined. She was happy, pleasant, and concerned for others. She did what she had to do without complaining. Her self-assurance guaranteed that things were done her way without so much as a harsh word or raised voice. Her very long hair, in a bun at the nape of her neck, exposed a determined face. The firm movement of her hands conveyed her purposefulness.

Nonnie's work outside the home began after the Second World War and her children were grown. She started teaching adult education in the town where they lived – Burlington, Massachusetts. While proficient in her subjects – sewing and tailoring – she was not a qualified teacher. The town sent her to a state college and there she took an intensive course regarding the adult learning process. She taught adult evening classes for three or four years. Periodically, she would substitute in the high school. She also did custom work at home, but infrequently, as she was busy making most of the clothes my sisters and I wore. She did, however, use her sewing talents for non-profit organizations such as the 4-H Club and church bazaars.

Maria Rosa Ranieri, Nonno's mother, is a good example of the middle class Northern Italian woman. At age sixteen, according to Aunt Irma, she was sent, along with her brother Luigi, to the town of Dodici Morelli. Her father, Domenico Ranieri, owned a grocery store in the town of Renazzo, only two miles away. He wanted Maria Rosa and Luigi to open another one in Dodici Morelli. While in Dodici Morelli she met a local man, Ruffillo Alberghini. When she was nineteen years old they eloped because her father wanted her to have nothing to do with Ruffillo. Over time, the store must have become theirs and Ruffillo began to build an empire.

But it was Maria Rosa who actually ran and operated the grocery store and later an adjoining restaurant. While she worked in the store and restaurant, other women came in to clean her house and educate her children.

In Northern Italy, women had more professional occupations than in Sicily as a result of the industrial revolution and European influences. The position of the woman was still central to *la famiglia*, but there were more opportunities and support for her to work outside the home.

In fact, Mrs. Loredana Tedesco, an Italian from Northern and Central Italy, who first came to the United States after the Second

World War, was surprised to find the United States so backward in its treatment of women in the workplace. I had contracted with Mrs. Tedesco for her translation services. She reviewed with me and verbally translated several old family letters from Italy. She also provided me with written translations of other family letters. During our discussions, she put these translated conversations, plus what I had learned, into an Italian context, both politically and culturally. In essence, she rounded out my findings. In one of our conversations about a letter she translated regarding the work of my great-grandmother, Maria Rosa Ranieri, she spoke extensively about women in the workplace and in the home. She explained that industries in Central and Northern Italy provided daycare for infants. The mothers were able to nurse, feed, or care for their children as they would at home. Preschoolers were provided with daycare centers near the home. Middle class families would employ nannies, tutors, and housekeepers, but mothers still provided the nurturing care for their children.

The poverty of Sicily, however, affected the job market, which in turn affected the family system. Women, like men, scrounged for any possible means of earning pennies or saving them. Sicilian women, like Northern Italian women, made their own breads, spaghetti, children's clothes, even shoes, and in that way they worked at home. But if the family needed her to work outside the home, the Sicilian woman did that as well. Yet, the opportunities for work and earning wages outside the home were limited in Sicily owing to its peasant economy and its extreme poverty. Your great-great-grandmother, Giacoma Giglio Guarino, living in Marsala, a town on the Sicilian west coast, did just that, as her son explained:

GRANDPA   My mother? Not because she was my mother, but she was a beautiful woman and a very sensible woman.

My father went to jail in 1903. And we had nothing. Nobody give you anything and if you got, you eat, if you don't, you don't eat. My mother, she had no money. What she done, she went to the neighbors. If they want to give her half a dozen eggs or a dozen *in trust.* We used to live outside the city. She used to go in the city and she used to sell it. She used to pay the people that give her the eggs and she used to leave with a little profit.

When I grow up, I was about ten or twelve years old, I used to make a few pennies [extra pennies while working on a ranch]. I used to pick up mushrooms. And there used to be a guy from the city coming around, you know and I mean and he used to buy. Course, we don't know anything, but when we had two or three pounds mushrooms he used to give us three or four cents and then he used to go to the city and he used to get the price. I had a few pennies at time I used to send it to my mother. Cause every week we used to the underwear, the clothes we had, the dirty clothes and we used to put it in a bag. In the city the man used to do the job. Bring it to the city.

My mother used to go over there [to the city and meet the man] and pick it up [the pennies from the mushrooms and the bags of dirty laundry]. She used to bring the clean one and take the dirty one. And my mother, in the daytime when she used to buy and sell eggs, nighttime she used to wash and dry. The time when they needed to be patched, they had a patch, sewed a button, anything like that.

The role of the woman in the family was crucial, just as the family itself was crucial as the only dependable system throughout

Italy's stormy history. From the time of the Roman Empire till its partial unification in 1861, Italy's small city-states were constantly being invaded, by each other, by ruling families, or by surrounding countries. Family members, therefore, were the only ones to be trusted. *La famiglia* was also the basis for determining key values and on whose behalf decisions were made. Consequently, preservation of the family was the basic priority.

The role of the Italian father was also crucial, as fathers were the providers for the family. But they only provided and did not interfere with the familial duties of the woman, rather honoring and worshipping her for her role. Fathers, too, were patient in their deep-seated and long-lasting love for their children. In fact, the patience with which fathers juggled the priority position of their children with the honored central position of the wife has oftentimes gone unnoticed, or at the very least, not accorded its due recognition in this country.

In fact, patience, *pazienza*, is the essence of what makes a man truly a father and a father truly a man; it is "the ideal of manliness." Yet this patience is not quite the same as we understand it in America. Instead, it stems from the core value of honor – honor of *la famiglia* – and its purpose is to guard and protect the family against disaster. It is neither a fatalistic doomsday patience nor a stoic acceptance of things-as-they-are patience, nor is it the patience of a kind and gentle father in his relationships with wife and children. Rather, as Gambino (1974) points out, *pazienza* is a careful cultivation of one's capabilities, skills, and self-control coupled with acknowledging the "forces of life" to be ready for "decisive impassioned action" when needed in any given moment. *Pazienza* is considered "the manly way of life . . . because it well served the conditions of life [in Italy], whereas impetuous, ill-controlled behavior meant disaster" for the family.[16] It is, therefore, a strategic patience.

The ideal man's *pazienza* is subtle by comparison to that of the ideal woman's role of center of *la famiglia* and the entire ethnic group. He has been raised to be silent, not to trust, and to have "a serious attitude towards life."[17] In this seriousness, he learns from others, studying their behaviors, their achievements, their mistakes, so as to understand what works in life and then to do that which works. Perhaps the most obvious example of patience is working long and hard, saving money as he goes, in order to purchase his own house and land or begin his own business, all for the purpose of providing for his family.

In Nonno's situation he worked long and hard for all three of these – home, land, his own business – with one example proving his determined patience. In the late 1930s, Nonno was between jobs, as we would say today. A business manager and co-owner of several companies over the years, he was in the process of opening yet another business – The Venice Café – in Somerville, Massachusetts. This required time – over six months or more – acquiring licenses, permits, and so forth. He provided for his family during this time by working for their hometown of Burlington, Massachusetts, keeping the parks safe and clean, and perhaps working on other public works projects. In other words, doing unskilled labor that fetched low wages, yet included benefits, such as free flour and butter. His work for the town was similar to and during the same time period as the WPA (Works Progress Administration) New Deal program that President Franklin D. Roosevelt instituted, aimed at raising the country out of the Great Depression. Although Nonno worked at tedious jobs to support his family whenever needed, the majority of his employment was in business that involved precarious financial conditions. Interestingly, this was in contrast to the typical Italian immigrant and early generation Italian American, who, as Gambino (1974) points out, often worked at blue-collar jobs that provided security and avoided situations that were financially risky, a mindset grounded in a belief that "gradual low-growth returns" were safer.[18]

Now, back to the *pazienza* of the ideal Italian father. I believe the key to understanding this patience, particularly in Northerners, is controlled emotions. I saw evidence of this in my father, Nonnie and Nonno, and see traces of it in myself. Parents and children do not openly display and discuss their feelings with each other or with their peers. This does not mean there are not emotional outbursts. There are! Yet, in those outbursts or in the calm of conversation, the depth of one's true feelings are not discussed. A simplified view of this internalization of feelings can be seen in the following statements of Count Sforza in his book, *Italy and Italians*.

> Thousands of years of life in common . . . have taught every Italian the art of remaining alone in the midst of a noisy crowd. (Translated by Edward Hutton. [New York: E. P. Dutton & Company, Inc., 1949], 67)

These controlled emotions, however, have their roots in feelings of mistrust, feelings created by Italy's vast history of invasions. Luigi Barzini's description of controlled emotions in his book, *The Italians*, is packed with meaning and jumps off the page. I found this particular passage valuable, and so I repeat it for you here:

> . . . [Italians] learned long ago to beware privately of their own show and to be sober and clear-eyed realists in all circumstances. . . .They behave with circumspection, caution, and even cynicism. They are incredulous: they do not want to be fooled by seductive appearances and honeyed words. They cannot afford to be carried away by emotions. They keep them under control. This does not mean that they are cold people. When it is safe to do so, they enjoy genuine and unrestrained emotions as well as anybody. But they know that the free expression of genuine emotions is a luxury for the privileged, often a dangerous and expensive luxury. Only saints, heroes, poets, gentlemen of means, madmen, and the poor who have nothing to lose, can afford to give way to their emotions. Ordinary people must usually choose between the unrestrained expression of counterfeit emotions and the controlled expression of real ones. ([New York: Simon & Schuster, 1996], 165)

While mistrust of anyone outside the family is common to all Italians, this differs according to the definition of family. The Northern Italian family includes extended relatives, while the Sicilian family is limited to immediate members only. Mistrust, however, also exists within the family. The subliminal expression of internalized feelings, feelings that are not openly discussed, which is more noticeable in Northerners, makes misinterpretation of those feelings understandable. This misinterpretation of beliefs, behavior, and values within the family can create a feeling of mistrust. Conflicts arise between individual members, including extended family members, undermining the family's original and primary value. Evidence of mistrust differs between Northerners, with whom a secrecy and coolness dominates, and Sicilians who more openly discuss and display their feelings.

"*L'ordine della famiglia*"[19] (the order of the family) defined each person's role within the family, though such specific definition was more particular to Sicily, where historically the family faced the worst adversaries.

Daughters were expected to marry, and so would begin to learn the ways of womanhood as early as age seven. Boys would work to earn money for their sister's dowry. They would also avenge any vendetta against the family or any of its members, including the sister's honor. Yet, protection of the family's female members was not because of a lustful possession, as has been interpreted by the United States media. Rather, it was part of the honor accorded the position of the woman within the family – mothers, and sisters who would become mothers.

In the three areas of Italy, *la famiglia* takes slightly different shapes and forms. For my family in Northern Italy (central Italian characteristics are most like those in the north), the family, as mentioned above, includes any and all relatives. If a family member has a need, another member provides. An example of this can be seen in Nonno's family providing for Uncle Eddie's family (Nonno's first cousin) in Dodici Morelli. Uncle Eddie's mother was Ruffillo Alberghini's sister. "Her husband was a little bit wayward and not supplying them."[20] They weren't able to manage for themselves financially, so Nonno's parents provided them with a home in the row house, which was one of the buildings they owned, and on occasion, Maria Rosa would send food to them.

The extended family in Northern Italy also influenced their businesses. Northerners, "either because they have learned in the family to subject themselves to the discipline of a group or for other reasons, . . . are able to work together." Organized associations and "cooperative undertakings" prove this ability and attitude towards group living. Fathers usually "organize the labor force of the family and superintend all its affairs," yet each family member "has responsibility for one part of the joint enterprise."[21]

The family in Southern Italy and Sicily was a smaller unit consisting only of its immediate members. Once a man and woman married they were on their own. In Southern Italy, where the people were poorer than in Sicily, the family consisted of father, mother, and usually just two children. Should both parents die while the children were young, their future as orphans was unavoidable. They would have to rely on their own talents for survival. Usually, this meant they became beggars and prostitutes. In Sicily, where the economy was poor, but not as bad as in Southern Italy, family members at least helped in the case of disaster, but only in times of severe troubles. In such poverty, the preservation of one's family became even more important. Brothers would fight brothers for the sake of their own families.[22]

Ironically, on the surface, for whatever reason, this familial structure reverses itself in the United States. Sicilians live in extended families and form Sicilian communities; Northerners, who begin living in small communities, move out into suburbs becoming separated from their relatives. The original values, however, followed the first generation of Italian Americans who migrated to America. *La famiglia* is central to the Italian American life. Mothers are honored; fathers are patient providers. Trust is nonetheless tenuous and mistrust still exists towards outsiders and within families. Sicilian brothers will still fight brothers for the security of their own families; Northern extended families will support and take care of each other.[23]

One last comment I'd like to make distinguishing North-erners from Sicilians regards education. I asked Grandpa Guarino if he thought there was a difference between Northern Italians and Sicilians regarding their way of life and beliefs. His immediate response was:

> Ya, the difference is the majority, they're more educated than the south of Italy. In Northern Italy. They got a little more education in my time.
>
> About seventy-two to eighty years ago [early 1900s] . . . over there they used to go to school, some of them the middle class and the rich people. The poor people, first they started to walk they used to send them to take the land [to work the land] or something else. Cause they don't even have two cents to buy them paper or pencils to send them to school. Over there you had to buy, the government don't ever give you.

During the school-age years of your great-grandparents, 1885-1905, government-sponsored education throughout Italy was erratic. There were efforts, according to Denis Mack Smith in *Italy: A Modern History*, to deliver mandatory free education for children aged six through nine. Yet these efforts were scarcely enforced, primarily because the expenses of a government-supported educa-tion were put upon the local towns. Where schools did exist with government support, families had to be able to afford an educa-tion. They would have to pay for all school supplies, their children would need to be available to go to school and not be needed to work to support the family, and they would have to ensure trans-portation – walking or other means – to schools when they were not in the same town. In poor villages, especially in Sicily and the south, people usually did not want schools, often because of the cost to them individually, but also because of the cost to the village, especially in the building of schools, hiring teachers, and attracting students, which were beyond their collective abilities.

In the north, a more economically wealthy and industrialized region than Sicily or the south, prosperous people showed their status by educating their children, but also understood that an education was a necessity to participate in the society of their times. Nonno's family was made up of merchants, property owners, and landowners. We know that he and his brothers and sisters first attended a school and then were educated at home by private instructors. (See Luigi (Louis) Alberghini profile.) And, before him, his mother, Maria Rosa Ranieri, must have been educated, as demonstrated by her prolific letter writing, which Nonno saved.

In Sicily, where poverty was prevalent, schools were less available than in the north and families were concerned with taking care of their basic needs, such as shelter and food; in other words, survival. Because of their poverty and the lack of fully supported government schools for anyone but the wealthy, Southerners and Sicilians also believed that education was for "people of the idle upper class," as described by Gloria Speranza in Stephen Puleo's *The Boston Italians*.[24] Grandpa Guarino, whose family were peasants, began working to support his family before he was nine years old and he primarily educated himself when he came to America. (See Giuseppe Guarino profile.) It was only natural then to value money over an education because having money insured their existence. Having an education was more than a luxury; it was an impossible dream.

At that point in history, reformers, people who advocated for free and compulsory education throughout Italy, believed that education would produce a literate populace, which in turn would lead to prosperity, employment, and more importantly, a fair and just government through its educated voters. Increasing government support for additional opportunities for elementary education, however, was based on an assessment of existing schools and providing aid to those areas. The assessment was not based on the need for new schools where none existed. Thus, education was reinforced in the north. This, therefore, continued to leave the south and Sicily at an educational disadvantage and to underscore their skepticism of government backed education.

This inequity in education was a great cause of friction between the north and the south. The impact of this inequity was seen in the attitude of Northerners, described by Grandpa Guarino as:

> . . . the difference is in order to be, the way I say, they think they are God Almighty, you know what I mean? Then the Southern Italy, people from South Italy, they understand a little, thing like that. Nobody like it.

The impact of this educational inequity and consequent friction was also noticeable in the attitudes of those Italians who migrated to America. The attitudes they carried with them predisposed the educational system in the United States towards discriminatory prejudices, particularly towards Sicilians and Southerners. Speranza notes that peasant immigrants from the south and Sicily took with them their "distrust" of "government schools." Their beliefs that education was a luxury and their valuing of money to ensure their survival further contributed to their unenthusiastic attitudes towards education. In the new world, these values were misunderstood and Sicilians received little support or encouragement for pursuing an education in American schools. Northern Italians, whose "reverence for book-learning"[25] had been reinforced by the Italian government, carried this value of education with them to their new home. In spite of this, however, Northerners were often identified with Sicilian Italians and faced biases as well. I remember my father talking about feeling discriminated against by his teachers, particularly in elementary school. As he described it, his teachers believed that because he was Italian he was incapable. The impact on him was profound and this was the only discrimination he ever mentioned growing up Italian American.

Ironically, emigration eventually became the great motivator in Italy for getting an education, rather than working towards a fair and just government. The prospective emigrant, particularly in the south and Sicily, feared that he would be denied access to other countries if he was illiterate, as immigration laws were beginning to require literacy tests for entry. He also saw fellow countrymen returning from America with an education, whereas before they did not have any. Further, he and his family needed to communicate with each other, which meant being able to write letters and read them. The importance of family, then, led to valuing education. Yet, it would be many, many years before education was systematized and available within a united Italy, and even more years before education in America would fully embrace all students of Italian descent.

This *Letter* is only an introduction to your Italian heritage, not a comprehensive discussion of Italian ethnic influences on the Italian American beliefs, behavior, and values. At best, that would only show possibilities anyway, because there are many other influences on our lives. Neither is this a complete comparison between Northerners and Sicilians. The history and culture of Italy is tremendously complex. Any single topic or reference to Italy's history or culture is worthy of, and warrants, its own in-depth review and analysis and could fill the pages of multiple books. This complexity contributes to the perception that Italy is a country of contradictions. For example, as regards religion: Christianity or paganism? Societal structure: patriarchy or matriarchy? Women: the dichotomy of their roles? The question to be contemplated is whether Italy is a series of contradictions or a country whose complexity, once delved into deeply, gives it a blended identity all its own. Regardless, by offering the insights mentioned in this *Letter*, I have suggested a number of ways to consider the Northern Italian and Sicilian similarities and differences that affect our behavior even today as a family. Having done this, I now introduce you to your ancestors.

Ancestor Profiles

Luigi (Louis) Alberghini

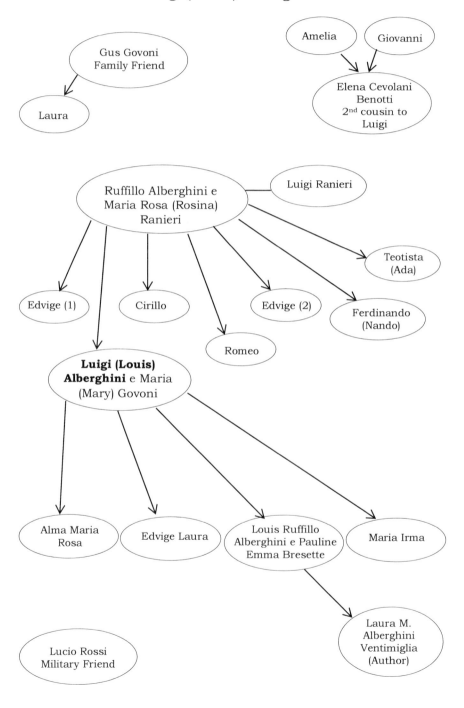

Luigi (Louis) Alberghini

*N*ONNO, LUIGI (LOUIS) Alberghini, was born in Italy in the town of Dodici Morelli in the District of Cento, Province of Ferrara, Region of Emilia-Romagna on 18 April 1890. This little town is twenty-two miles north of Bologna and is nicknamed, according to Gus, *Tiramola* – pull and let go.

GUS   It is the name of the town, Dodici Morelli, means twelve blocks. Here's a street, here another street like that. And from here to the end is six streets and in between one from the other is a line. So from this street to this street here is twelve blocks. Dodici Morelli. And Tiramola is a nickname of that town. I'll tell you why. This is the line, right, of the street. People from this side of the street wanted the church here. People from the other side wanted it here. So, they had meetings and we have it here, we have it here. Pull and let go.

The church that Gus refers to is likely that of the *Parrocchia Della SS.MA Trinità Di Dodici Morelli* (the Parish of the Holy Trinity of Dodici Morelli). This church, originally built in 1809, is located centrally in Dodici Morelli with six blocks to the north of it and six to its south.

Nonno's brothers and sisters were also born in that town. The first-born to Maria Rosa Ranieri and Ruffillo Alberghini, Edvige, died shortly after birth. Within a year of Edvige's death, Nonno was born. But while Maria Rosa was still nursing him, she became pregnant a third time and her milk dried up. So, Nonno was raised on wine. At least, I grew up believing that it was wine, the only liquid available to keep him alive. I've learned, however, that the phrase "raised on wine" is a figure of speech. It is a typical expression used by Italians to mean the milk from an animal such as a goat. In other words, Nonno could have been raised on wine, yet it is also very likely that he was really raised on goat's milk. Of course, he could have been raised on both! When I was older, I remember dinners with Nonno and hearing stories of him drinking wine his whole life, even as a young child. Other stories in our family's oral tradition have Nonno's brothers and sisters drinking wine as young children, too. His youngest sister, Ada, when a toddler, was known to walk around the family's market and restaurant with purple stains on her mouth from drinking the delicious homemade wine. So, as an infant, what did keep him alive? In his mother's quest for his survival, is it conceivable that Nonno was fed at least some wine along with the milk of a goat?

Because one child had already been lost, though, Nonno's parents were sure that he, too, would die. Of course, as I sit here writing to you, I am proof that he did not. Yet, the child who was conceived during Maria Rosa's lactation period did die. His name was Cirillo. He and Nonno had to walk a fair distance to attend school. It is likely that this school was in their hometown. Gus Govoni had said they went to a school that was approximately three miles away in a city, possibly named Manchillio. I am unsure of where they actually did go to school and have not been able to find a town in the area named Manchillo. I do know that it was around 1900 and one day at school, as Gus tells the story, there was an accident while Cirillo was playing near or in a church at the school, "something fell out – loud – a restraint. And he died." Gus's accounting of his death is slightly different than Nonno's or, you could say that it is a broader version of Nonno's. Nonno, as a young child, approximately six years old, very likely witnessed that accident, and in all probability, watched his brother die. He is known to have described the accident this way: Cirillo was choking on something he was eating and someone ran to get his mother; his mother ran all the way back to the school, but was too late. By the time she arrived, Cirillo had died. Afterwards, whatever it was that Cirillo choked on, perhaps a peach or piece of another fruit, his mother was never able to eat again! And, from that time on, Maria Rosa's children were tutored at home.

The remaining children born to Maria Rosa and Ruffillo lived to adulthood. They were Romeo, a second girl born after Edvige had died and who was also named Edvige, Ferdinando (Nando), and Teotista (Ada).

Little else is known about Nonno's life in Italy until 1908. At eighteen years of age he believed he was old enough to begin leading a man's social life and make his own decisions, but his father was very strict and, for example, prohibited him from going to the family-owned dance hall. Nonno also wanted to attend the University of Bologna to study agriculture and pursue a prosperous career in the fertile Po Valley that lies in the region of Emilia-Romagna, but his father would not allow that, either. So, he left on a temporary passport for America.

Nonno sailed from Genoa, Italy on the *Romanic* on 2 April 1908 and arrived at the port of Boston, Massachusetts, on 20 April 1908. He had $50 in his pocket and his final destination on the ship's manifest was Chelsea, Massachusetts, a suburb of Boston. He could have lived with his uncle, Luigi (Louis) Ranieri – the brother with whom his mother had opened the grocery store in Dodici Morelli. According to Gus, though, he chose to live with him instead, even though his uncle lived in the same neighborhood.

Gus tells a funny story about Nonno's earliest days in America.

GUS   I was thinking about your father when he first
               come to this country. Your father, he was a

young man. I remember, it was 1908, 1909. He was about eighteen years old and we lived here in this house and the corner there was a barroom. In those days you could go with a jug and get the beer in the jug. So we were all there. It was a hot night, I remember. We say, Louis you go and get twenty-five cents of beer in the barroom. But somebody says he too young, had to be twenty years old to buy the beer. We told him if they ask you how old you are say twenty. And if they ask you where you live say 17 Eagle Street. So, when he went there they asked him how old are you and he make a mistake. He said seventeen instead of the twenty. And they said 'no, we can't give you the beer.' And so Louis, your father, he took the can and he was a umph [strong man] and he got up and he umph [took it]!

I interviewed several people in an attempt to understand Nonno's character. Gus Govoni and his daughter, Laura, called him a shrewd businessman, intelligent, and ambitious. Elena Cevolani Benotti, his second cousin, agreed and also said he was a charmer. I believe he was all of those. One has only to look at pictures of him and appreciate his good looks to imagine his charm. His intelligence and ambition are proven by the fact that in 1910, when he was still in this country on a temporary passport, he attended night school in Chelsea, the city where he lived, to learn the English language.

Between 1908 and 1910, while in the United States on his temporary passport, he worked the oft-popular immigrant jobs of waiter and shoe factory machinist. As a waiter, he was probably employed at several locations. (The immigrant was quick to move on at the opportunity of higher wages.) While working as a waiter, he became friends with a man who worked at a shoe factory in Boston. This man recommended Nonno for a job and on 2 February 1910 while living at 197 Chester Avenue in Chelsea, Nonno received a letter from the Employer's Association of Massa- chusetts notifying him of an available position as a machine-cutter on ladies' shoes at a shoe factory in Boston.

Either this same friend or another that he made while working at this shoe factory was leaving to go work at a shoe factory in New York. Nonno went with him and by 23 April 1910 he was living in Rochester, New York, where all indication is that he worked at the E.P. Reed & Company Shoe Factory at 250 N. Goodman Street as a machine-cutter. While working there he lived at 6 Market Street and the only other information I have about his life there was that he was unhappy, even though he did well financially.

The details of his life during this period in the United States are vague. His move to Rochester was not his first trip to New York. In August 1909 he was in Auburn, New York, and I'm presuming that he returned to Italy following his stay in Rochester.

He was one of 48.3% of Northern Italian immigrants in this country to return to Italy before 1924. Studies have shown that those immigrants were unhappy here and returned because they missed "home." While Nonno was unhappy in Rochester and very likely missed home, he was also required to return and enter the Italian Army before 31 December 1910. His temporary passport had been granted on that condition and agreed to when he signed an *ATTO DI SOTTOMISSIONE* (Document of Submission) on 30 March 1908.

Nonno served the required three years in the Italian Army as colonel and colonel major in the 77th Infantry Regiment. At least part of that time, if not all, he was stationed in Brescia, a city in the region of Lombardy, about eighty miles northwest of his home- town of Dodici Morelli and the city of Cento.

In the many letters and papers that he saved throughout his life, there were two letters received from Mr. Lucio Rossi while Nonno was at Brescia that attest to Nonno's sense of humor and demonstrate the typical "joking and bantering"[1] of Italian and Italian American males. In Italy, the practice of using black-trimmed stationery upon the death of a very close relative (immediate family member) or close friend was observed for one year. Death notices were also sent out on black-trimmed cards. Nonno and some of the men in his company sent Mr. Rossi, a previously discharged company man, a card notifying him of the death of a fellow infantryman. Very dramatically, Mr. Rossi expounded in a letter addressed to Nonno and the others about the horrors of war, its injustices, its destruction to human life, the pain he felt at the devastation of its deaths. He told of the feelings he had experienced when he saw the black-trimmed card before opening it, upon which he realized that he did not know the man who had died, presumably because he was a fictitious fellow infantryman. Realizing that they had played a joke on him, he wrote back that he supposed they had all enjoyed a good laugh at his expense.

Discharged from the service, Nonno returned to his family home in Dodici Morelli. At the age of twenty-three, having lived in a foreign country and served time in the Army, Nonno surely presumed that his father would at last treat him as an adult. This was not to be. Venturing into the dance hall, he found it was still off-limits to him. Curfews were placed on him, which he thought unreasonable. He could not visit the schoolteacher who rented an apartment in his family home and for whom he had tender feelings. Believing perhaps that he and his father would never get along, or knowing that he was not willing to live the life expected of him, he left Italy a second time for the United States.

This time, he traveled on the vessel *Luisiana* of the shipping line Lloyd Italiano. He purchased his ticket in Genoa, Italy on 11 June 1913. The very next day, 12 June 1913, he set sail from that city for New York City, New York, occupying Cabin 2 berth R. He arrived at the port of New York on 28 June 1913 with $60 and went through the Immigrant Inspection Station at Ellis Island. Whether he stayed in New York for some time or not, I am uncertain. The manifest for his passage lists a final destination of 31 Proctor Avenue, Revere, Massachusetts, a city about five miles north of Boston and the home of his friend and first cousin, Luigi Sconsoni. Recorded also is the information that he was previously in the United States and lived in Revere. I have not, however, been able to verify that he actually lived there. According to Gus, when Nonno arrived this second time, he lived with his aunt, Amelia Tassinari Cevolani, and her husband, Giovanni, at 50 Lowell Street in Somerville, Massachusetts, which is a city approximately three miles north of Boston and considered one of its inner suburbs.

Elena Cevolani Benotti, daughter of Amelia and Giovanni, was born in 1916 when Nonno was twenty-six years old. Her earliest memories are of him in his soldier's uniform, a very handsome and very charming young man. She remembers that he was loving and warm. Each time he came into their home, she'd get a great big bear hug from him. He was so charming, she said, that the ladies used to chase him.

She remembers that he was wild and sowed his oats (as the saying goes), breaking the hearts of young women, but imagines that he must have settled down once he was married because he was a devoted husband. She also imagines that he was strict with his own children, which he was, because he knew what mischief was available.

The uniform Elena remembers him wearing was that of the United States Army during World War I. He was inducted into the service on 22 June 1918 and was stationed at Camp Devens, a military post in Central Massachusetts from 1917 to 1996. He became a citizen of the United States on 20 September 1918. He was 5'7". He had blue eyes and greying black hair. He was honorably discharged on 1 February 1919.

While in the Army, on 12 January 1919, Nonno and Nonnie, Maria (Mary) Govoni, were married at St. Francis of Assisi Catholic Church in South Braintree, Massachusetts.

Before entering the United States Army, however, Nonno worked again as a waiter, continuing his earlier practice of following the young immigrant worker's job path. During this time, he was a member of the Hotel and Restaurant Employees'

International Alliance and the Boston Waiters' Union, Local 40, likely working in several Boston restaurants and living in Somerville. Yet, upon being discharged from the Army, he started to take advantage of the job opportunities available and chose a variety of avenues to the middle class family life. He was an insurance agent; he owned several grocery stores in partnership with fellow *paesans* – The Somerville Grocery Store in Somerville and C. Torrielli & Company, Inc. in Boston; he managed grocery stories – The Gloria Chain Stores, Inc. and Stella Chain Store in Boston, Chelsea and other towns; and, he also owned several dining establishments, such as the Venice Café in Somerville. He was hard-working, held in high esteem by his colleagues, and had a reputation for being "honest, industrious, and trust-worthy" according to the President of C. Torrielli & Company Inc., as stated in a letter about Nonno dated 26 September 1933.

My own first memories of Nonno began when I was about six to eight years old. By then, his black hair was completely white and cut crew-cut fashion. His skin was so clear that at close range tiny blood vessels could be seen just below the surface. He almost always wore brown trousers with a white shirt, sleeves rolled up. Over that, he'd wear a long white linen apron tied in front and over all that a gray cotton jacket. I can still see him walking up the back walkway from the chicken coop to the back door of their white Dutch Colonial house in the town of Burlington, Massachusetts. Burlington is about fifteen miles northwest of Boston and considered one of its outer suburbs.

I loved that house – the house that my father moved into when he was ten years old, the house that I lived in with my mother and father from October 1949 until December 1950. All three of us slept in Dad's old bedroom, the first room on the right as you entered the hallway on the second floor. I remember the room as a colored haze of whites and blues. From it, you could climb to the attic, one of my favorite places to play when I went back to visit daily as a young child. You see, we lived next door.

To get to the attic, I'd run up the stairs and around the corner into the bedroom. I'd stop quickly but reverently at the double bed facing me. My namesake, Aunt Laura, six years before I was born, had died in that bed, in her sleep, from walking pneumonia. After a brief nod to her memory, I'd dash to my right to the closet door opposite the foot of the bed. Pulling open the door I'd find another door to my immediate right. With the secretive excitement a child feels, I'd inhale deeply, slowly turn the doorknob, quietly breathing out at the same rate of rotation and open that magical door. Inside was another flight of stairs up to the attic and a cozy warmth that smelled of heated mothballs mixed with raw wood.

The attic was open and ran the whole length and width of the house. The walls had a gradual slant inward reaching to the roof. On either end of the attic, windows let in the sunlight. My only playmate, however, was my swift imagination. Aunt Alma or Nonnie were usually close at my heels as I was allowed up there only to retrieve or put things away.

There are two traits I distinctly remember about Nonno. The first was his love for others, which seemed to flow deeply and last long after they were gone. An example was the devotion to my Aunt Laura. Faithfully, each child – my brothers, sisters, and me – in his or her turn would visit her grave. Seasonally, we planted and watered flowers or just visited. When we planted or visited in the spring and summer, after first saying our "hellos," we had the job of taking the watering can to the piped faucet, a short distance away, filling it with water and returning to her site. While we were gone, Nonnie and Nonno had their turn to "talk" to her. They had watched while we paid our respects upon first arriving.

Besides his love, his shrewdness stands out in my mind. He knew how to live, succeed, and get ahead in this country. His attendance at night school was proof not only of his intelligence but his ambition. Nonno did not speak broken English. In fact, he spoke without a trace of an accent. I was amazed that people in his generation whom I interviewed all spoke broken English, which indicated, even more, his extraordinariness.

We were *very proud* to be of Italian descent, yet never

considered for a moment that we were anything but American. I only remember being told I should be proud that I was Italian and not why or what it meant to be Italian. I do not remember living the stereotyped Italian lifestyle. We did not live in a community with other Italians. Sunday dinners, Sunday morning mass attendance, and family visits were no different than what our neighbors were doing. In fact, I would say that our lifestyle was Catholic rather than Italian. The Church was the life force determining our values, beliefs, and social interactions. Catholics governed the community and there was little separation of church and state.

I remember Nonno's laugh, the wine bottle on the floor next to his chair at the table. He made his own wine and his wine bottles were glass jugs that had a hook at their necks. He would reach down to pick it up by that hook during the meal when he wanted more wine. (We never had bottles of wine or milk on tables when we dined, only carafes for water were allowed.)

I remember the chicken coop behind the house and its distinct odor when I was helping Nonno gather eggs to bring to Nonnie. I remember, too, the small vegetable garden just outside the chicken coop that added extra freshness to the bountiful table. I remember the brick fireplace with its cooking grill that stood at the end of a white arbor covered in grape vines that housed a long white table with white benches. And, I remember sitting there or playing nearby, listening whenever friends or family visited for a communion of meal and conversation.

I understand now these pleasant activities as subtle vestiges of Nonno's life in Italy.

The Italian language was alien to me when I was growing up and I am only now beginning to learn it. I do remember, though, saying grace – a prayer of thanksgiving – in Italian before meals when we were at Nonnie and Nonno's. But Nonno mainly talked in Italian when he didn't want us (my brothers, sisters, and me) to know what he was saying. He did the same with my father and his sisters, my aunts. So, my father's generation and mine grew up not speaking Italian even though Nonno's mother, Maria Rosa, implored him from afar, through her letters, such as the one dated 1 February 1932: "[B]e sure to teach your children Italian . . . it will be good for them."

Yet, speaking English without an accent was "one of the first tangible means to acceptance" in the New World for an Italian. Those immigrants who were ambitious, and remember, Laura Govoni described Nonno as such, felt "a genuine discomfort whenever one of their countrymen insisted upon speaking" it. An Italian confronted with his native tongue was reminded that in learning English he "had given up [his] original language" and he was only able to do so by repressing "a sense of loss" that was experienced each time it was spoken.[2]

I do know that Nonno didn't fully give up speaking Italian. In addition to using it as I've just mentioned, he would speak Italian when needed for business or on occasion with his *paesani,* and, naturally, he corresponded in Italian with his family back in Italy. Regarding the English language, though, Laura Govoni emphasized that, "he was always very articulate. He had a good command of the English language; he could communicate well." And, in his flawless English, I can still hear him saying, "We are in America. We will live like Americans." So he raised his family in the fashion of his adopted country – America – a feat that I now recognize as possibly very painful. What I understood to be American patriotism could very well have been acculturation – Nonno denying his past in an effort to succeed in America.

He never talked about his family or his home in Italy. Of course, by the time I first knew him he had been in this country for more than forty years – longer than he had lived in Italy. In fact, I knew nothing about him. I only knew him.

It wasn't until after Nonnie's death that he began to talk about his past – his homeland and his early days in America. By then, I was old enough to be moving in my own world, but young enough not to be interested in his. I think my sisters and brothers, not having had the advantage of knowing him or Nonnie when they lived in the white Dutch Colonial house,[3] asked more questions and spent more time talking to him about his past than I did. By the time I realized the importance of his influence on my life, it was too late: both he and Nonnie were gone – Nonnie in August 1976 and Nonno in March 1979.

Luigi (Louis) Alberghini and Maria (Mary) Govoni Alberghini

Luigi   *Maria*

Luigi, first on left, Italian Army

Luigi – US Army

Maria

Maria and Luigi – 1924 – Somerville, Massachusetts, USA

Nonno's Passage Ticket 1913

Maria Govoni with her family: Her parents, Laura Ardizzoni and Carlo
Govoni, sisters and brothers – standing – Maria, Norma, Vincenzo –
sitting – Carrie, Lena, Louis

The Alberghini Children – Alma and Laura; Louis and Irma – 1933 –
Burlington, Massachusetts, USA

Maria (Mary) Govoni

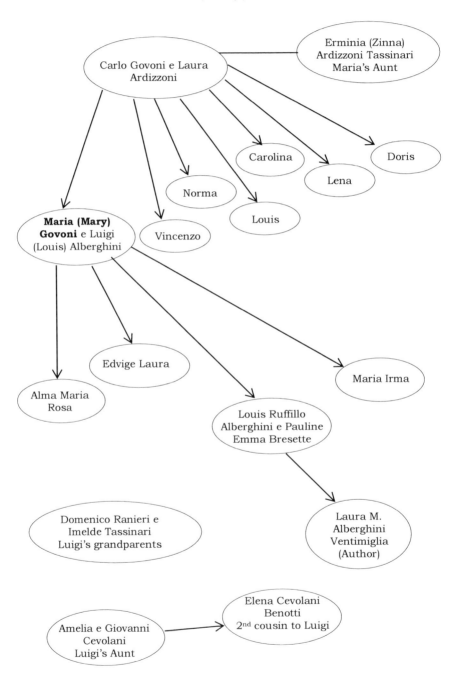

Maria (Mary) Govoni

*N*ONNIE, MARIA (MARY) Govoni, was born in Italy on 27 November 1896 in the town of Renazzo, District of Cento, Province of Ferrara, Region of Emilia-Romagna. She came to this country circa 1904 with her mother, Laura Ardizzoni, her father, Carlo Govoni, and her younger brother and sister, Vincenzo and Norma. Their hometown of Renazzo is adjacent to Dodici Morelli, Nonno's hometown.

Even though Nonnie and Nonno lived very close to each other in Italy, they did not meet until 1917 or thereabouts in Somerville, Massachusetts. Nonnie, however, knew who Nonno was. She remembered seeing him in his grandfather's grocery store when he visited his maternal grandparents, Imelde Tassinari and Domenico Ranieri. Domenico Ranieri's grocery store was located on the street, now known as Via Renazzo, in the town of Renazzo and in the same building where they, Nonno's grandparents, lived and where his mother, Maria Rosa, was born. We grew up believing Nonnie lived on the same street because of the stories of seeing him in the grocery store; yet, she actually lived less than a mile away on Via Buttieri.

The trip to the United States was Nonnie's first, but her father, Carlo's, second. He had come several years earlier looking for work. He went to Plymouth, Massachusetts, a town approximately forty miles south of Boston, where other relatives had settled. He found work in a cordage mill where his job required long hours at minimal wages. He worked until he had saved enough money to get an apartment for his family and provide for their passage to the United States. Then he returned to Italy to escort them to their new home.

Once in the United States, Laura and Carlo had four more children who were Louis, Carolina (Carrie), Lena, and Doris.

From Plymouth they moved to South Braintree, Massachusetts, a district within the town of Braintree, about fifteen miles south of Boston. Carlo's poor command of the language prevented him from working at his trade; he had been a tailor in Italy, yet in America he worked only at low-paying factory jobs.

His wife, Laura, resented their low income for several reasons. First, she believed, like Nonno, that because they lived in America they should act like Americans. Economically, then, her husband should have taken advantage of opportunities to further their income and improve their quality of life. Second, she required of herself that she learn English and worked hard to do so. She was an educated person in Italy, having been educated at home by a tutor, and believed that learning was important. He, however, spoke broken English till the day he died. Essentially, then, she believed he could have better provided for his family by learning English and opening his own tailoring business. Success certainly would have been his, given his tailoring skills and reputation. He never needed to take measurements when making a pair of pants, a dress, a coat, or other items. He had only to look at a person or an article of clothing to know the correct dimensions. Yet, the only sewing he did in his new homeland was for his family, which included teaching his children the basics of sewing, and working on Saturdays to help a man who owned a tailor shop.

I do not know very much about Nonnie, either as a child or young adult. At the time that she met and married Nonno, however, she was working the typical young adult immigrant job in a shoe factory. She, like Nonno, was proficient in English, having spent most of her growing up years in America. I never heard her speak in Italian unless it was with Nonno when they didn't want us to know what they were saying. As a married woman, she was a mother and homemaker, seamstress, and home economics teacher. Her homemaking role, naturally, was different than that which we know today. She would prepare the chickens they raised, which involved killing the chicken by breaking its neck, draining its blood, plucking its feathers, cutting it up, and finally cooking it. Her days, too, were long. Her normal workday spanned eighteen hours. She rose every morning at 5am, napped every day at 3pm for twenty minutes, then worked again until 11pm. While our average workday is eight hours with some socializing or relaxation time during the day or after dinner, she continued to work after preparing one dinner meal for her children and another for Nonno as he often returned home from work around 9pm or 10pm.

As a seamstress, Nonnie worked in a small sunroom off the dining room, her workspace flowing back and forth between the two rooms. The dining room table was her large worktable; the sunroom was where she would sit at her Singer sewing machine, pumping its pedal and deftly turning the puzzle pieces of materials into chic and fashionable clothes. She would create her own designs and make the needed patterns cut from old sheets or discarded paper. She would host the patrons of her services in the sunroom.

I remember standing atop a low stool in this sun-drenched room, being measured, trying on clothes in different stages of readiness, and modeling the finished outfit. A tool of Nonnie's trade that was a favorite of mine was a little mahogany table, only about two feet high and a foot wide with sides that opened up, uniquely spindled legs, and a little drawer that held scissors, pins, measuring tapes, and so forth. The fascinating attraction was a red plastic spool holder screwed into the top of the table, which held an explosion of colorful threads.

The sunroom was its own enchanting cosmos. Besides being her sphere of creativity, it was home to a player piano that, in partnership with the dining room, served up hours of pleasurable musical and dancing entertainment. But, that's a story for another time! Her career as a home economics teacher began, as noted earlier, after the Second World War and when her children were grown, but she made most of our clothes growing up – dresses, hats, coats, and all in matching styles and colors for my sisters and me.

Nonnie and Nonno met through her frequent visits to her aunt, Erminia Ardizzoni Tassinari, who lived in the same house as Nonno's aunt, Amelia Tassinari Cevolani, in Somerville. This was also the same house that Nonno was living in. As Elena tells the story, Nonnie's Aunt Erminia (whom everyone called Zinna) rented a small, dark, first floor apartment from the Cevolanis. Amelia was a professional seamstress who sewed for a living, and Zinna and her daughter, Louise, were always upstairs at the Cevolani's. Zinna would clean and help out around the house so that Amelia could sew. Whenever company came to visit either family they usually ate their meals upstairs in the Cevolani's big, bright, and airy dining room.

After Nonnie and Nonno were married they lived for a short time with the Cevolanis. The Cevolani house at 50 Lowell Street had been built by a contractor who was a friend of Amelia and Giovanni Cevolani. He had built the house for himself, lived there a short time, then sold it to Giovanni. There was a small apartment for his parents on the first floor (the one Zinna and her husband rented). His living quarters, as were the Cevolanis', were on the second floor and the third floor had several bedrooms that were specifically designed for visiting relatives.

Ironically, while Nonnie and Nonno lived there Amelia became Nonnie's "teacher for the finer and more intricate" aspects of sewing.[4] Nonnie had learned to sew from her father, Carlo. Remember, he was a fine tailor and they lived at a time when it was the norm for families to make their own clothes. In fact, Nonnie made the green velvet dress that she wore for her wedding. Yet, she continued to develop and improve her sewing skills learning from Amelia and becoming a professional seamstress in her own right. After leaving the Cevolani's home, Nonnie and Nonno made several other moves within Somerville – Ibbetson Street, Belmont Street, Carver Street – before moving to the seven room white Dutch Colonial house in Burlington, Massachusetts. While in Somerville, though, all four of their children were born – Alma Maria Rosa, Edvige Laura, Louis Ruffillo, and Maria Irma.

Nonnie was described by others as a beautiful, beautiful woman. Elena Cevolani Benotti was the only one who explained "beautiful." She did so by telling me about the day Aunt Alma was born and her thoughtfulness of others. That day at 38 Ibbetson Street, Elena and her mother, Amelia, visited Nonnie and her new baby. Elena says:

> I can remember that day. Your grandmother was still in bed and they were bathing her [the baby] in a porcelain, it was like a little bowl. This baby, the nurse or some-body, well maybe it was Norma, who was doing that. Your grandmother was in bed and I remember I hit my lip on the rim of that bowl. Isn't it funny the things we remember? And I started to cry. Your grandmother called me over to her and hugged me and I just felt much better about that, you know. But she's just a wonderful woman.

I remember Nonnie as being quiet and very meticulous. There was a silent determination about her and you knew things would be done her way. At least, *I* always went along with her directives.

Because she sewed so well and enjoyed it, she made most of our clothes. As I got older and my hems could be pinned up, I would have to stand very, very still while she worked with exacting care. I was always fidgeting as a child, yet I dared not to twist even a tiny bit for fear the pins would accidentally prick my skin. If I did or if I just complained about the pins, I was sternly hushed up. (I'm smiling now as I write this, remembering these times with Nonnie and the love I felt whenever I was with her regardless of her sternness.)

Her precision was noticeable even when she took care of us at night when my parents went out. She didn't often babysit, yet I have two distinct recollections of those occasions: I would say my evening prayers, repeating after her, in Italian; and, she would ne securely into bed. I remember one night in particular. She came into my room in the dark to check on me. I had moved around and jumbled the bed sheets. She flipped me (gently, of course) on my back, smoothed the sheets and tucked them in so tightly that I could hardly breath, or so it felt.

I loved the smell that met me every time I entered her house! I'd open the side door, bounce up the few steps and through the next door into the kitchen of the white Dutch Colonial next door to where we lived – the delicious scent of her cooking that gently permeated the whole house and wrapped itself around her and me in one giant hug.

Over the years, though, my fondest and most enduring memory of Nonnie actually has nothing to do with her, but with what I received from her. On my frequent, almost daily visits to their house, if I was very, very good I could play with the wooden Pinocchio doll. She claimed it was my father's favorite toy. On those occasions that I did deserve the privilege, I was usually in the kitchen with her when I'd get the okay to go play.

I'd run from the kitchen, pushing through the full-sized swinging door and land in the dining room. It was one of my favorite rooms in the house. It exuded a feeling of an opaque warmth and coziness. The oval dining room table stood in the center of the room surrounded by matching furniture on the three inner walls – a china closet, a full size buffet, and a mini-buffet – all made in 1930s vintage mahogany. The back outside wall had windows looking out on the yard, through which streamed just the right amount of sunlight to soften the dark hue cast by the mahogany. On the wall facing the windows, yet against the outer sidewall, was a double opening arch that led into the living room.

I'd sit under the white tablecloth-draped dining room table, talk to Pinocchio without making a sound, and move his arms and legs. The doll was very special to me; it was representative of our relationship and became synonymous with Nonnie. Pinocchio followed Nonnie and Nonno to their new white Ranch style home, built right behind the white Dutch Colonial when Nonnie became severely ill with Parkinson's Disease. I continued my fascination with him even as an adult and whenever I went to see them, I'd check his place in the closet – he actually called two closets in their new house "home" – to make sure he was still there, and I'd say, "hello."

After Nonno died, I noticed Pinocchio was missing. I had to work very hard to control myself from tearing the house apart, looking for him. Aunt Alma, seeing how much he meant to me, bought me one when she visited Italy a couple of years later. Actually, she bought one for all my sisters and brothers. The new Pinocchio is different than the old. He's skinnier, shinier and he does not have a broken nose. But somehow he's just as special because this one represented the love of an aunt.

Everyone knows the popular story of *Pinocchio*, which has always been my favorite fairytale, and here I digress from talking about Nonnie. Understanding it the way I do now, it's no wonder that I felt its specialness. (When I refer to *Pinocchio*, I mean the original, classical Italian tale as translated into English and the Italian doll design; not the Disney versions.)

Pinocchio is the story of a wooden marionette doll whose nose gets longer every time he tells a lie. Geppetto, a lonely old man, carved him from a piece of wood because he wanted a son. Pinocchio tries to become a "real" boy by going to school and obeying his father. But his selfishness, curiosity, and other childlike peculiarities always led to trouble. Geppetto sells his own coat to buy a "reading book" for Pinocchio "called an *Abbecedario*" to take to school. Yet, Pinocchio only sells the *Abbecedario*, "the Italian equivalent" of an American ABC book, to buy tickets to a marionette show.[5] Without the book he cannot go to school. But it doesn't matter, the marionettes' master captures him to use in the show.

Pinocchio no sooner gets out of one mess than he is into another. He is tricked by a fox and a cat, he becomes a donkey in a make-believe world, and so on and so on. Throughout, the Good Fairy, who portrays the role of mothers, and the Talking Cricket, like all of Collodi's "'good' animal characters,"[6] try to develop in him a conscience and try to guide him to becoming a respectable and moral little boy.

Finally, after a long separation from his father, who has given up everything to look for Pinocchio, they are reunited in the stomach of a dogfish. Pinocchio leads his father to safety and nurses him back to good health in addition to going to school and working to pay for Geppetto's food. Having accepted responsibility for himself, and showing his love and respect for his father by sacrificing, as his father did for him, Pinocchio becomes real.

An Italian, Carlo Lorenzini, wrote this fairytale first as a series of sporadic and individual stories in a children's magazine – *Giornale per i Bambini* (A Newspaper for Children) – between 1881 and 1883. Lorenzini was born in Florence, Italy and took the pen name of Collodi after his mother's place of birth. He is known, then, as Carlo Collodi. The town of Collodi is about seventy miles southeast of Cento in the Region of Tuscany, as is Florence. It boasts a Fairytale Park with a monument to Pinocchio. The wooden marionette dolls are popular all over Italy because it is a classic fairytale portraying the expected roles of father, mother, and children within the Italian family unit.

Lorenzini has, in some magical way, succeeded in using a child's imagination to teach children what their parents look forward to: love and respect. Because children grow up to be mothers or fathers, they learn also what their children will expect from them as parents: sacrifice and guidance.

Fathers are supposed to sacrifice for the sake of their children. Mothers give encouragement and nurture each child's dreams. The lesson for children is to become real boys or girls, to "set upon the right road"[7] to adulthood. In other words, they must be obedient and listen to their parents. This way they will learn how to accept responsibility for themselves and others. Of course, the ultimate lesson is to be respectful of parents. But this comes under accepting responsibility for others, doesn't it?[8]

The Pinocchio doll was special to Nonnie because my father had sent it to her from Switzerland, where he was stationed during

World War II. The story of Pinocchio spread throughout Italy and the doll could have found its way to Switzerland during Italian control especially as the Alpine border between Italy and Switzerland frequently moved. I don't remember my father ever showing a fondness for Pinocchio, so it was probably an unintentional message that he had sent to her – the doll was a sign of his love and respect for her.

Maria Rosa (Rosina) Ranieri

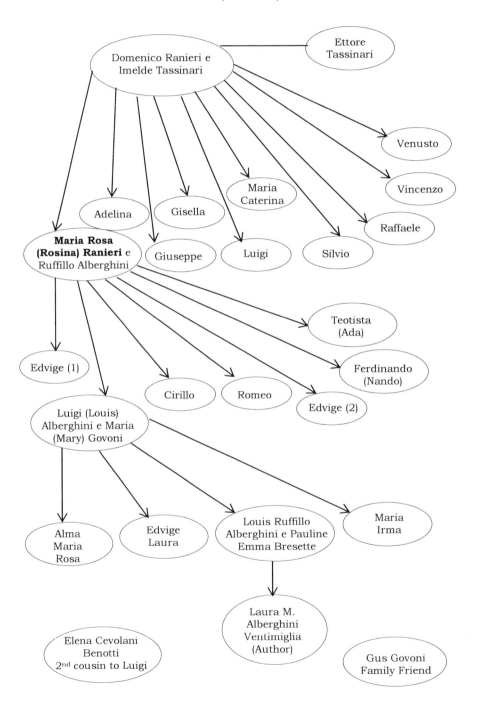

Maria Rosa (Rosina) Ranieri

OUR GREAT-GREAT-GRANDMOTHER, Maria Rosa Ranieri, is also known as Rosina or Rosie. She is Nonno's mother and was born on 6 December 1869 in the family homestead on Via Renazzo in the town of Renazzo, District of Cento, Province of Ferrara, Region of Emilia-Romagna, Italy. She was the oldest of ten children born to Imelde Tassinari and Domenico Ranieri whose children were Maria Rosa (Rosina), Adelina, Giuseppe, Gisella, Luigi, Maria Caterina, Silvio, Raffaele, Vincenzo, and Venusto. We know that six of her brothers and sisters came to this country – Giuseppe (Joseph), Luigi (Louis), Maria Caterina, Silvio, Vincenzo, and Venusto (Ernest).

Imelde Tassinari was also born in Renazzo in 1843 and lived to be eighty-eight years old. Her brother, Ettore (Hector) was the only one of that generation to come to the United States. He was, in fact, our first ancestor to immigrate. He came in the 1870s and settled in Danvers, Massachusetts, where he became the chief gardener at Danvers State Hospital. Over the years he acquired a lot of property in Salem, Beverly, and Danvers – the area known as the North Shore of Massachusetts or North of Boston. According to Elena Cevolani Benotti, he offered his properties to relatives who also came to this country until they could become established on their own.

Ettore was a blue-eyed blond who married an Irish immigrant who had also just come to this country because of the potato famine in Ireland. She couldn't pronounce his name so called him

Charlie. She taught him to speak English, so naturally he spoke with a brogue. Because of his name, light complexion and brogue, people thought he was Irish.

Maria Rosa's father, Domenico, was raised at the rectory of San Sebastiano in Renazzo. A priest brought him to Renazzo from a small town near Ravenna about fifty miles southeast of Cento on the Adriatic Coast, where he was born in 1832. He was an orphan as both his parents had died. The same priest who brought him to Renazzo raised him there. Domenico's nickname was Mingin. Now, what does Mingin mean? According to Gus, it meant rich; Domenico was a rich man. According to others, it meant small; Domenico was a small man. According to Elena, Domenico's nickname of Mingin was Mingin di Prète. This meant, she said, "Little Domenic of the Priest, who lived with the priest in other words." All of these translations seem plausible and together bring to life the patriarch Domenico Ranieri.

When Domenico was grown, he opened a grocery store and tavern in a building that housed both businesses where one could buy groceries on one side and have a bite to eat and quench his thirst on the other. His establishment was in the two-story stucco building that also housed his family. The business was located on the left side of the first floor taking up one-third of the house. Mercantile goods were displayed outside and on the inside of its opened doors. The building sat across the street from the church and next to the cemetery. Aunt Irma described it as a "very choice spot."

Now, Maria Rosa as we know, was a businesswoman first, then she blended her professional life with that of being a wife, mother, and homemaker. She ran and operated essentially two establishments. It was likely the same establishment, the grocery store that she opened for her father and which appeared, after her marriage to Ruffillo, to become both of theirs.

As I mentioned earlier, at age sixteen, circa 1885, she and her brother, Luigi, who would have been ten years old at the time,[9] were sent by their father to Dodici Morelli to open another grocery store. There she met Ruffillo Alberghini. Rosina's father was against the match, thinking perhaps that Ruffillo was not good enough for his daughter so, according to Gus, they eloped on 23 April 1888. Gus remembers:

GUS   Your father's grandfather. Mingin Domenico.
                       A short man, a small man, very courageous, I
                       remember. And I remember your grandmother
                       working in the store and then I remember I
                       was about four years old. Somebody come in
                       and see my father, talking about business, and
                       I remember, he say, 'you know what? Ruffillo
                       ran away with Rosa!' Your grandfather, he
                       was going with Rosa, your grandmother. But
                       Mingin didn't want your grandfather, him to
                       talk to her. So he stole her. He stole her!

While bearing and raising her children – Edvige (1), Luigi (Louis), Cirillo, Romeo, Edvige (2), Nando, and Ada – Maria Rosa continued to manage the grocery store and the adjoining restaurant, which had been added in replication of her father's establishment in Renazzo. First, in the house where the original business was opened, the house where Nonno was born, then in the first building Ruffillo built. This establishment was called the Caffé Alberghini.

The three-story building housed the grocery store and restaurant on the first floor including an outdoor café. The family lived on the second floor and Maria Rosa's younger children were brought down to the store every day and grew up there while she worked. The building was a typical European building, as Aunt Irma described it, where it had a center, open hallway that ran from the front doorway of the building to the back doorway.

Maria Rosa was responsible for overseeing the ordering of supplies needed for both the store and the restaurant. She prepared the food for the restaurant. The sausage she served was her family's personal recipe that she received from her father and which was famous for miles around. At one time, the family even raised pigs to provide the necessary ingredients for it. Recipes were deeply guarded secrets; particularly a sausage recipe and they were not shared with other people. The family made its living, in part, on Maria Rosa's sausage and sharing the recipe would surely have cut into their livelihood. However, to keep the business alive and maintain traditions, one person in each upcoming generation was selected to receive the recipe and taught how to make it. Maria Rosa passed her sausage recipe down to Nonno who passed it on and taught one selected person in each of the next two generations of his family. Now, having chosen Nonno to receive the sausage recipe, once he had left for America, it was likely she passed it on to and taught Nando how to make the sausages, as he followed her in running the business. If recipes were shared there was usually a missing ingredient or two to insure the preservation of a family's hallmark specialty and, therefore, its business.

Of all the members in Nonno's family, Maria Rosa wrote to him the most frequently. I'm sure it was her role as mother, but apparently, the others felt that he had abandoned them when he left Italy the second time. After all, there was a family business to run. Nonno, however, did not neglect family affairs. Even while in the United States, he managed to settle his mother's estate when she died and that of the family following the death of his adult sister Edvige and his brothers Nando and Romeo. Maria Rosa must have trusted her oldest son's judgment and intelligence because she also sent him copies of legal transactions that happened within the family. (This, plus the fact that he saved them, makes a significant statement about their characters.) Whatever her reasons, she supplied us with very valuable information regarding our family.

A letter she sent in October 1919 gives an idea of what life was like for merchants both before and after World War I; for example, the products needed to run their business were being rationed. Along with other interesting news that portrays life in their town is this information about Nonno's brothers: Romeo had been discharged from the military; Nando was home convalescing from a military incident – he fell out of the plane he flew (!); and, they both provided entertainment at night at the Caffé Alberghini, where the young town folk would gather.

 A copy of that letter in her Italian handwriting and its translation follows.

Now, I find each individual scenario in this letter depicting life in Dodici Morelli exciting. I yearn deeply to explore them in a quest to learn more about the town and my family. Yet, there are two amazing insights into the life of Italian women as portrayed by Maria Rosa that I find most fascinating.

First, you will notice on top of the accompanying price list that Maria Rosa is the manager of the Alberghini Restaurant. Remember, it was customary for Northern Italian women to work outside the household. Couple this with the fact that Northerners, in their extended families, worked together and participated in cooperative undertakings, and it makes sense that Maria Rosa would be manager. She had gained experience and learned her trade from her father, Domenico, who had begun and headed that family business in Renazzo. Then she opened and ran a grocery store in Dodici Morelli for three years before marrying Ruffillo. It's plausible too, that given her background she was more than the manager. It seems likely that Ruffillo was a figurehead and Maria Rosa was the driving force behind the scenes. This was all happening between 1885 and 1919 and, keep in mind, that she ran the business until she died in December 1943. This is over fifty years as a merchant and a professional woman! Was this an anomaly for Italian women during this era? How did this compare to professional women in America during the same time period?

The second fascinating insight from Maria Rosa's letter about herself and Italian women is the legality of their surnames, which they retain for life. Manager – Ranieri, Maria Rosa. Unlike the American custom where women take the name of their husband upon marriage, Italian women, both then and now, retain their birth names.

Now, this intrigued me. I wanted to know more, and here I wander a bit away from Maria Rosa. Why is this the custom? Is it the law? Has it always been so or is it more recent? What is the history of women's surnames in Italy? Is retaining their surname related to women's liberation or feminism?

I'm not fully satisfied with what I've learned; yet, here it is from a variety of sources – people, Internet search, and journals. The most frequent response I received when asking Italian women this question was "it has always been that way." That was followed by "I do not want to give up my name, I am not cattle to be sold," or "it is easier for divorce or if I am working" to keep my own surname. Yet, there doesn't appear to be a legal procedure for women to change their surname, give up their birth name, to that of their husbands. In 1975, however, with *la Riforma del Diritto di Famiglia* (Reform of Family Law), "the wife" *may* add "to her family name the surname of her husband and keep it as a widow, until she marries again."[10] (Italics added)

(Interestingly, doorbells, as I witnessed, in Italy have both the wife's name and husband's name separately listed. For example, a doorknocker in the time of Maria Rosa would have identified the homeowners as: Maria Rosa Ranieri and Ruffillo Alberghini.)

While investigating the use of women's surnames in Italy, I began to wonder about the history of women's use of surnames in our own country. I wondered if people would give the same initial answer if asked why women take the name of their husband upon marriage – because it has always been that way. So, I explored a bit of American history. When reading Deborah J. Anthony's article, "A Spouse by Any Other Name," I was reminded that our custom stems from the common laws of England, which morphed over time so that women tended to take their husband's surname as their own. This custom in America began to change dramatically in the 1970s as part of the women's liberation movement. Yet, today, only about 20% of women retain their surnames with approximately 10% keeping their surname and adding that of their husband, and the remaining 70% continuing the custom of taking the name of their husband. While there have been exceptions to these customs, in either case it appears the use of surnames has been flexible over the centuries in both countries.

Back to Maria Rosa and her resounding presence in our family. There is much more to learn about her and the role of Italian women both from her letters and future research in Italy.

Gigi Carissimo

Dopo tanto tempo oggi ti rispondo, qui si lavora giorno e notte tutti i giorni anche alla festa, e se abbiamo accu- mulato qualche cosa l'abbiamo fatto forza di lavorare, adesso poi abbiamo fatto una gran spesa perché a fare poco si spen- de molto abbiamo accomodato bene il palazzo ove stiamo, ci a lusingato lo sciopero dei metalurgici che dovevano fare il parapetto della scala, e soltan- to oggi ci anno scritto che anno ripreso il lavoro e che incomin- ciamo il parapetto che fra un mese sarà ultimata la scala. Ti dirò che per questa ragione anno dovuto darci tutti i generi che occorre nel nostro esercizio pasta farina, riso, lardo, olio, petro- lio, forma, zucchero, tutti i generi

che tiene il nostro gran comune,...
il resto ce l'abbiamo sempre procurato
noi, ma quei generi che ti ho detti
erano in potere dei nostri mangioni
che sono tutti come porci, e perciò dove
ramo riavolgersi a loro, ma ora anche
senza che il signor Attilio lo permette,
se l'abbiamo, quel geloso che preten-
derà essere tutto lui. Il nostro negozio ora lavora molto, molto. Speriamo
che verrà presto libero il commercio
così si farà come prima della guerra.
Nando e a casa in convalescenza essendo caduto dall'apparecchio, però da
poca altezza e così si è fatto poco male
mi à portato un apparecchio di metallo lo stesso tipo che volava su lui ed
è la trentesima parte del suo apparecchio che è caduto, lo tengo per un ricordo, adesso sta bene e tutte le sere
suona il mandolino e Romeo la chitarra, così è il reclamo della nostra esercizio che tutte le sere si radunano i
giovani del paese, così si vende caffè
liquori birra gelati; e vino, ma Romeo
ha sua intenzione e d'aprire un'off.,
vino in un qualche posto se avrà l'occasione anzi dice che starà qui
finchè sarà congedato Nando, e Nando
riprenderà i lavori che fa a casa Romeo.
Romeo come già lo sai e congedato.
Tu dici che e caro il vivere da noi in
America, ti mando un listino dei prezzi
del nostro mangiare, ora che è meno
del tempo della guerra, appunto questo
listino l'ho fatto ieri al dottore Ottani
che sarebbe il mangiare d'ieri, ora è tornato perchè e già congedato, e fra giorni
prende moglie

Vedi il listino ebbene anche
andare in pensione non si
spende poco si sa che non
si spende sempre così, perché
alle volte si mangia i fagioli
e non sempre c'è l'arrosto si ca
pisce, ma a mantenere una
famiglia in questi tempi costa
assai; Ieri venne l'Assunta e
venne a comperare olio aveva con
se una bella bocettina di vetro grosso
lavorato, e disse di essere pentita di
non avere portato con se pentole
e casseruole di smalto che teneva
costì, e altri generi di vetri e teraglie
essendo qui da noi costoni molto
pensa che un bicchiere eguali
ai soliti che avevamo quando eri
a casa ti costa non meno di 5
lire, cinque lire, i bicchieri da
sampagna costano 30 lire l'uno
per fortuna che noi non ne abbia
mo bisogno, che per ora siamo
provisti, abbiamo preso due tende
belle grosse per la sala al primo
piano costano 500 lire cinquecen
to lire, una tenda per il salotto
a piano terreno di seta rossone
costa quattrocento lire

e tre tendoni fuori uno nella
porta della bottega uno per la
trattoria, e uno lo mettessimo
nell'altra porta quest'altr'anno
che l'abbiamo già preparato
e forse ci metteremo anche il
4; essendoci quattro porte
ebbene anche questi costano
quasi 500 cinquecento lire
l'uno, ma sono belli e ~~buoni~~
robusti; abbiamo fatto molte
spese, perché si lavora per la
divisione dei capi pieversi
con si guadagnerà.
A proposito Ruffilli n'è
dimesso anche di questa am=
ministrazione, appunto
perché essendoci tanta
gelosia ora dappertutto, dice
che non vuole più entrare
in nessun posto. E anche
noi abbiamo più piacere
perché vedi con Ruffilli

6

cura molto più i suoi
affari a lasciato il gioco
gioca qualche bottiglia
gioca in casa mia non
più al gambrinus e neanche
che in altri posti per ora
attende più ai lavori di
casa.

L'Aida anche quest'anno è
stata chiamata a Bologna al con
vitto per insegnare frimenta, ma
non a voglia d'andarci; adesso
vedremo.
Ai visto i bei fatti che sono successi?
anno saccheggiato tutte le botteghe
a Finale facendo il
prezzo loro davano due soldi a un
capitale che poteva costare 5 lire
anche in tanti posti; e poi con
fine ci misero il ribasso del cinquan
ta per cento, figurati! per fortuna
che durò pochi giorni! vedremo
come finiremo tostesso, speriamo
pure al bene.
Intanto ti bacio assieme a Maria
tuo marito Manlio 2 Ottobre 1919

TRATTORIA
ALBERGHINI
condotta da
RANIERI MARIA ROSA
::   XII MORELLI   ::

Dare

al mattino Bollo	05
caffè e latte ℒ =,	70
colazione	
minestra —	1. 20
lesso —	1. 20
arosto —	2. 50
pane	, 20
vino b1 —	2. 70
forma —	=, 70
frutta —	, 40
caffè —	, 25
sera	
due uova al burro	2. 00
pane	, 20
vino b ½ —	1. 30
frutta	, 40
forma	, 70
caffè	, 25
ℒ	14.75

Dear Gigi,

I was able to write to you today after a long time. Here we work days, nights, and holidays. If so far we have accumulated anything we did it by working very hard. Lately we decided to do some small repairs in our home, which instead turned out to be very expensive. The strike of the ironworkers delayed the construction of the railing of the staircase. Only today we were informed of the end of the strike and they are ready now to begin work on the railing. Hopefully, all will be completed in a month's time.

I must tell you that the Town Council, which is in charge of distributing the provisions needed to run our establishment, has agreed to give us the goods such as pasta, flour, rice, lard, oil, petroleum, and sugar. Everything else we provide ourselves. The stuff mentioned above is in the hands of these parasites, all pigs, to whom we must turn for our needs. Signor Attilio, the one who gives us permission to receive the goods, is particularly jealous, pretending that he's the only one in charge. Our store is very, very busy. I sure hope that soon we shall have free trade like before the war.

Nando is at home convalescing. He fell out of the plane, fortunately not from a great height, and he is not too badly hurt. He brought home a small metal plane like the one that he flies and which is one-thirtieth of the plane from which he fell. I am keeping it for a souvenir. Now he feels very well. Every night he plays the mandolin and Romeo plays the guitar. Both are the main attraction in our establishment. Every night all the young people in the village gather here and we sell them coffee, liquor, beer, ice cream, and wine. Romeo, if the opportunity arises, intends to open a workshop somewhere in this area. In the meantime he wants to remain here until Nando is discharged. He will resume the same work that Romeo was doing at home. Romeo, as you probably know, has been discharged.

You have told me that it is very expensive to live in America. I am sending you a pricelist from our menu with prices that are less than during the war. This list was compiled for Dr. Ottoni yesterday with the daily prices. Now take a look at this list and you can see that even to board is not cheap. You must understand that we don't always spend that much. Many times we have to eat beans and many times there is no roast because these days it's very expensive to support a family. Assunta came to buy some oil with a beautiful small bottle of cut glass. She is very sorry now not to have brought from there pots, enamel casseroles, different kinds of glass, and pottery that over here are very expensive. Imagine that a glass similar to the ones that we had when you were here cost 300 liras. Fortunately, we have enough of them and we don't need any.

We bought two beautiful curtains for the hall on the first floor, which cost 500 liras. Also, we bought a large red silk curtain for the sitting room on the ground floor that cost 400 liras. We also bought 3 large curtains for the outside – one for the door of the store, one for the restaurant, one for the third door and next year, one for the fourth door. They are very beautiful and made of strong material. The cost is about 500 liras each. Because we work for the heads of the Pavesis Department we were able to save on our purchases.

By the way, Ruffillo resigned from this Administration because of jealousy everywhere and he stated that he'll never apply for another position there. We are happy about this because as you can see Ruffillo will take better care of his own affairs. He's not gambling anymore at the casinos or at similar places. Only occasionally he plays for a mere bottle and for now he tends to the chores around the house. Also this year Ada was called again to teach at the private boarding school in Bologna. She doesn't want to go. We shall see.

Are you aware of the latest happenings? They emptied all the stores in Finale paying only 2 cents for something worth 5 liras somewhere else. Finally everything was put at 50% discount. Can you imagine? Fortunately, it only lasted a few days! Let's see how we will all end up. Hopefully for the best.

Maria and I send you our love.

Your Mother

XII Morelli
2 October 1919

RESTAURANT

ALBERGHINI

Manager
Ranieri Mariarosa
XII MORELLI

IN THE MORNING		
Coffee with Milk £		70
LUNCH		
Soup	1	20
Boiled dinner	1	20
Roast	2	50
Bread		20
Wine (1 Bottle)	2	70
Cheese		70
Fruits		40
Coffee		25
EVENING		
2 Eggs in butter	2	00
Bread		20
Wine (½ Bottle)	1	35
Fruits		40
Cheese		70
Coffee		25
Total: £	14	75

Maria Rosa (Rosina) Ranieri and Ruffillo Alberghini

Maria Rosa

Ruffillo

Maria Rosa

Ruffillo

DODICI MORELLI (Ferrara) - Caffè Alberghini

Caffè Alberghini

Romeo

Edvige

Nando

Ada

Ruffillo Alberghini

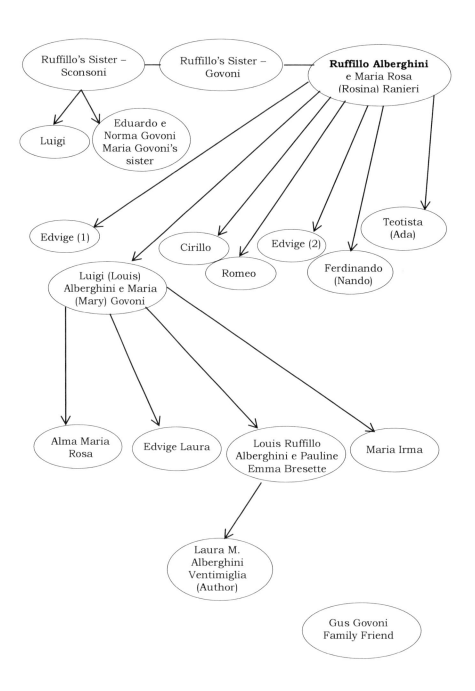

Ruffillo Alberghini

AH! WE COME to your great-great-grandfather, Nonno's father, Ruffillo Alberghini – a most interesting and controversial character. He was born on 4 November 1864 originally presumed to be in Dodoci Morelli, yet actually born in the parish of Dosso, approximately five kilometers away, also in the District of Cento, Province of Ferrara, Region of Emilia-Romagna, Italy. Gus believed both Ruffillo and Nonno were born in the same house, which however, seems unlikely.

Less is known about the Alberghinis than the Ranieris. Nonno was the only Alberghini in his immediate family to come to the United States. Other members from the Alberghini family who did come to this country were Ruffillo's sister, nieces, and nephews. His sister, whose name I do not know, was married to a Govoni in Italy, came to this country widowed and with four children. They settled in Springfield, a city in the western part of Massachusetts, where she died shortly thereafter. Another of Ruffillo's sisters, married to a Sconsoni, remained in Italy but two of her sons, Luigi (Louis) and Eduardo (Edward), came to America. Louis, Nonno's friend on the manifest sheet of 1913, settled in Revere, Massachusetts, which as I've mentioned is a city near Boston. Edward settled in Holbrook, Massachusetts, a town approximately twenty miles south of Boston and close to Braintree. Our only contact, however, was with Uncle Eddie because he (Nonno's first cousin) married Nonnie's sister, Norma.

Ruffillo then is really the only Alberghini ancestor that we know about and only the memories of what Nonno has said remain. Ruffillo's reputation as a rogue and a ladies' man has managed to slip down through the generations. For unknown reasons, it has recently been revived or expanded and we have no way of knowing the extent of its truth. Possibly, as oral tradition has it, Nonno was not allowed in the family owned dance hall because that was where Ruffillo met his "lady friends." You see, family stories also say that Ruffillo was there nightly. His attendance would, of course, be necessary from a business point of view, yet, why wouldn't he let Nonno in?

We do know, however, that Ruffillo was a successful businessman. He was a landowner through *La Partecipanza Agraria Di Pieve Di Cento* (The Agricultural Shareholding Association of Pieve di Cento)[11] and was part of its administration. In addition, he owned at least five buildings in the center of town. Many people considered him during his lifetime, and even today, to be a very important man, a principal contributor to the life and economy of Dodici Morelli.

Aunt Irma credits his wife, Maria Rosa, as the brains behind his success and the reasons I've mentioned previously give some credence to that belief. But, if this family followed the organizational traits of Northern Italian families, where the father headed the business, he would, of course, appear to be a gentleman merchant and a gentleman farmer.

There is no denying that whatever the case, Ruffillo wisely used his assets. It is possible that Maria Rosa's dowry, either the grocery store or money, was the beginning of his wealth. Oral tradition has it that his family was less affluent than the Ranieris; however, according to *Partecepanza* records his family were landowners back to 1499.

Gus thought that Ruffillo was wonderful. He says:

GUS   Your grandfather was a beautiful man. Ruffillo was the best man in the whole town. He was the one to start to build up the town. That building there [pointing to the picture of the

Caffè Alberghini on a postcard] he build it
himself. And another before it.

Ruffillo had contributed to the growth of the town through
his buildings and businesses. The first building was Nonno's original home and which, Nonno described to Aunt Irma, also housed,
on the first floor, the grocery store started by Maria Rosa and her
brother, Luigi. (Is it possible that at the time Maria Rosa opened
the grocery store this was the home of Ruffillo's parents and how
they met?) A second building Ruffillo owned was a row house with
approximately six apartments.

He added to this property with the construction of three
buildings – all of similar design and structure – that were the
largest in the town and housed some of the town's important activities. In general, each newly constructed building had three floors
with a door in the center of each side – front and back; when you
entered the building through one of these doors, you could walk
down an open hallway straight through to its opposite door. In
one building, a grocery store and a restaurant, partially opened
to each other, were on the first floor with an outdoor café. There
was an open staircase to the second and third floors, which later
housed Ruffillo and Maria Rosa's family. This was the building in
the postcard known as The Caffè Alberghini.

Another building housed a drugstore, another café, and apartments. It's possible that the town's schoolteacher and doctor lived
in these apartments or on the third floor of the family home. I
know that both rented from Nonno's family. Maria Rosa's letter
attests to that fact, mentioning that the price list was compiled for
their boarder, Dr. Ottoni.

The final building Ruffillo had built was the infamous dance
hall. He used this also for marionette shows and special holiday
dances. According to Gus Govoni, at times it was used to store
canapa, which "is something like linen. They used to make it in
Italy and every family had some." It must have been linen that
women embroidered or tatted.

Ruffillo was strong, determined, opinionated, and boastful until his death in December 1931. He knew how to get what he wanted. He had succeeded in business according to the Italian family ethos of cooperative undertakings. Maria Rosa's letter gives evidence of his devil-may-care attitude, but also shows that he was involved in the government, stating that he had just resigned from the Administration. My favorite photo of him shows none of the above characteristics. Wearing a three-piece suit with a gold watch chain, a light-colored brimmed hat sits atop a quiet mustached face. His penetrating eyes are heavy with passive acceptance, as if caught in an unguarded moment. But a manifesto that hung in his establishment gives clues to his personality and shows his sense of justice and willingness to push direct and honest confrontation. I include it below in its Italian form and English translation.

In this manifesto, Ruffillo is challenging the priest, Don Giuseppe Cecconi of the *Parrocchia Della SS.MA Trinità Di Dodici Morelli* (the Parish of the Holy Trinity of Dodici Morelli) to a public debate. (This is the same church that was the focus of the town's dispute that led to the nickname of Tiramola.) The *SS.MA Trinità* was a branch church of the *Parrocchia della San Sebastiano* in Renazzo from its establishment in 1809 until 1941. In October 1941, it became independent from the parish and church of Renazzo. The debate of Ruffillo, then, was about the *SS.MA Trinità* church but it was with Don Cecconi, parish priest of *San Sebastiano* who also served the church in Dodici Morelli.

If you get the impression from reading this manifesto that Ruffillo was anticlerical because he was willing to debate Don Cecconi, I would have said you're right. However, when visiting Italy recently, I learned that it was highly unlikely that Ruffillo was, in fact, anticlerical. To be so would have been against the tenets of the *Partecipanza Agraria*, the association of landowners to which Ruffillo belonged. It is more probable that Ruffillo was defending his reputation. A person's reputation was critically important; it meant everything to a man or woman and their family. The priest had attacked him and by doing so had disparaged not only Ruffillo, but also his whole family, an intolerable situation especially for a family of such prominence. The intent of the public debate, then, could have been to let the priest and the whole town know that he was not against the church, rather he was a man with an idea as credible as any other suggestion for the church and worthy of being heard.

Regardless, anticlericalism in Italy did exist and was more popular in the north than the south or Sicily. In Northern Italy, communism (or Marxism/socialism as it was in 1912) succeeded in taking hold. Northern thinking, then, was influenced by ideologies other than the Church. In addition, the Church had a history of meddling in the government's affairs or, better stated, tried to be the government.

Communism was kept from becoming effective in Sicily and Southern Italy because of the prevalent Sicilians' attitude of looking "out for their own interests and not the interests of the group."[12] The Christian Democrats, the Church's political party, was more productive there and influenced the women rather than the men. You'll be able to understand why when you read about Grandpa Guarino's family in Sicily.

As I see it, however, anticlericalism stems from the humanistic philosophy that came to fruition in the fifteenth century. Those attitudes transformed "the God-centered medieval image of the world into the man-oriented outlook of the Renaissance" and beyond.[13] These humanistic attitudes, grounded in the importance of human values, were contrary to the Church's hierarchical doctrine and, therefore, another basis for this tension. Italians, for whatever reasons, have had experiences with priests, as did Ruffillo and as stated in his manifesto, who "take advantage of the office of priest."

Anticlericalism prevails in Italian Americans as well. The Catholic beliefs carried by Italian immigrants from their homeland clashed with those the Irish-Catholic immigrants had already established here. Generally speaking, the Irish viewed the priesthood as special and a step above the laity. Many Italians clung to their image of the priesthood of mankind.

Anticlericalism aside, Ruffillo had reason to feel offended. Was it asking too much, as a human being, to be treated honorably?

Compaesani !

il Molto Reverendo Illustrissimo Professor Don GIU-SEPPE CECCONI approfittando dell' ufficio di sacerdote, nella chiesa di Dodici Morelli ha espresso molte accuse che ritengo a mio carico circa l' opposizione che avrei fatta per l' allargamento della chiesa. Ora siccome questo è falso io che tengo alla mia dignità di uomo e di cittadino, gli ho scritta la seguete lettera:

Reverendo Signore

« Se Ella tiene alle sue opinioni e quindi ne ha il coraggio necessario per riaffermare quanto ha detto nella chiesa di DODICI MORELLI e che ritengo a mio carico per l' opposizione che avrei fatto per l'allargamento della chiesa, La invito in tempo a rispondermi in pubblico contradditorio che quanto prima terrò in DODICI MORELLI stesso. »

Così, compaesani avrete modo di giustificare se io sono indegno di stare fra voi.

Dodici Morelli, 5 Maggio 1912.

Alberghini Ruffillo

Bonic Tip. Nanzi-i

Fellow Villagers !

The most Illustrious Reverend Professor Don Giuseppe Cecconi, taking advantage of the office of priest in the Church of Dodici Morelli, has expressed many accusations against me regarding my opposition to the enlargement of the Church. Now, since this is false and I value my dignity as a citizen and as a man, I wrote him the following letter:

Reverend Sir

"If you continue to hold your opinions you must have the courage to reaffirm all that you have said in the Church of Dodici Morelli concerning my opposition to the enlargement of the Church. I invite you to respond in public debate to take place in said Dodici Morelli."

And so, fellow villagers, you will have a way to establish if I am worthy to be among you.

Dodici Morelli, 5 May 1912

Alberghini Ruffillo

Giuseppe Guarino

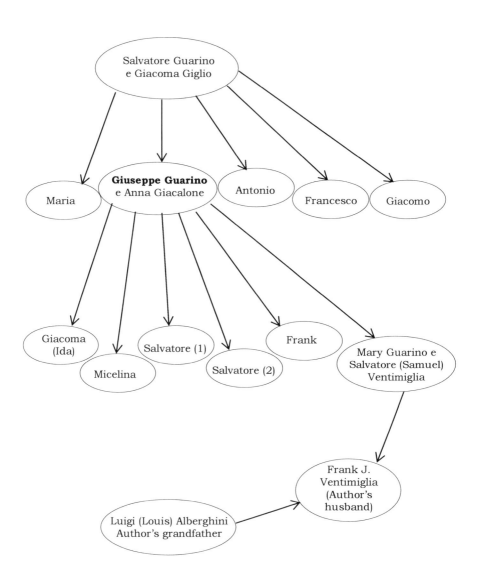

Giuseppe Guarino

I FIRST MET YOUR great-grandparents, Grandpa and Grandma Guarino, on a Sunday afternoon in the basement of their home in East Boston, which is a neighborhood of Boston, Massachusetts. Your father and I drove up the hill of Trenton Street and parked in front of the Hugh Roe O'Donnell Elementary School. Across the street was a dark-brown three-decker house with a bright green painted iron fence across the walkway on its left. We went through the green gate to a door that looked like a window. Its trim was painted the same green as the iron fence. We pulled open the screen door, ducked our heads (even I, as short as I am, had to duck my head) and landed on the top of six rickety steps.

We were actually in the boiler room, a dark room with coat racks and a step up bathroom straight ahead. At the bottom of the stairs on the left, however, was a room so enchanting as to leave me spellbound. Bright ceiling lights blinded you after walking through the darkness. Brown wood paneling covered the walls, which were adorned with pictures. Both the red and white-checkered tablecloth covering a table as long as the room and the deafening roar of Italian voices struck me.

I was mesmerized. This was Italian? I thought I was Italian! I had never experienced anything like it in my life. I never even knew life like this existed! The room was full of people, people around the table, people at the sink, by the stove, and standing wherever there was space. There were three generations of first cousins.

Everyone was someone else's uncle, aunt, mother, father, brother, sister, niece, nephew, son, daughter, first cousin, second cousin, so on and so on. Everyone was screaming. The only English that was spoken were commands – sit down, eat, where is your family from?

I did not know where my grandparents were from in Italy. At that point, I couldn't even remember who my grandparents were. I heard your grandmother, my future mother-in-law, say something in Italian; after a short laugh by everyone I was forgotten. But it was okay. I just sat and watched and listened. The same way I sat and watched and listened when the whole family was together one last time in that room after Grandma Guarino's funeral. By then I no longer felt overwhelmed. I was a part of the whole family and it was enough just to know that I belonged. But I was still amazed by the roar of Italian and the red and white-checkered tablecloth.

I had, fifteen years after that first meeting, become well aware of our family's differences. The occasional Sunday visits that followed the first were all the same. After brief "hellos," I blended into the background. Your grandmother had laughingly remarked that I was from the "wrong part of Italy." Remember earlier in this *Letter*, when I mentioned the difference between the Northerners and Sicilians, particularly related to education and Grandpa Guarino's description of Northerners as thinking they were God Almighty? Well, even though I didn't understand the significance of that difference at the time, its consequences impacted the family's acceptance of my relationship with your father. As an Italian American from Northern Italy; I was not considered a suitable woman for him to marry.

Then one Sunday something was different. The Italian voices didn't seem so loud. The "hellos" lasted longer and my seat was moved closer to the head of the table. Your grandmother explained. My grandfather, Luigi (Louis) Alberghini, as grocery store manager for Gloria Chain Stores, used to buy his meats, cold cuts, and sausages from Grandpa Guarino, who owned a meat-packing business in the North End of Boston called Providence Packing

Company. The families "knew" each other and did business with each other. Our relationship, then, was accepted. I did not try until now, though, to understand the distinctions in our backgrounds. Yet I'm glad I finally thought to do so. I can see that this hubbub of relatives gave your father a clear sense of his own identity. And the stories of his grandparents are now as amazing to me as those of my own.

Grandpa Guarino, as noted above, had his own business, the Providence Packing Company. Yet, it took him more than thirty years of hard work in America to reach this pinnacle. All immigrants are self-made in one way or another. By migrating to a new country, they reinvent themselves in hopes of economic success and happiness. Grandpa Guarino epitomizes this adage of being a self-made man. Coming to this country from extreme poverty and illiterate, he became self-educated and self-employed. Oral tradition and some historical documents indicate that he worked as a laborer at various factories, as a sausage maker, as a fisherman during the period in American history known as the Great Depression, and again as a sausage maker for several companies, as Grandma described it in a recent phone conversation, "up and down that stretch of businesses in the North End" of Boston. He set out to start his own company, sometime around 1947, under a cloud of naysaying in the industry from those people who believed he would never make it, never be successful. Yet, he built Providence Packing into a successful empire where, for over forty years, three generations of Guarinos worked.

Giuseppe Guarino, your great-grandfather, was born in Italy on 27 November 1894 in Marsala, District of Trapani, Province of Trapani, Region of Sicily. He was the second oldest of five children born to Giacoma Giglio and Salvatore Guarino whose children were Maria, Giuseppe, Antonio, Francesco, and Giacomo. His family were peasants. All Sicilians were peasants, except the wealthy landowners and crooked government officials. The Guarinos lived in a three-room house and used their land well. Grandpa described his home:

GRANDPA   My house. My house it was a beautiful place and beautiful house. My mother, she had a piece of land like this, there was a road over here and then this way [a half circle]. So we all surrounded by stonewall. Not cement or thing like that – stones. We make that. Then we had one, two, three like orange trees, lemon trees, a prickle pear on one side like that. We had a well in the back of the house.

And then we had, my father dug a big square hole, should say about ten feet and we used to have the rabbits. The rabbits, they used to dig a hole to go inside and we used to throw the grass, you know. They want to take a rabbit for eat, they used to plug the hole and my father used to go down and just take it, just like that. My mother used to keep chickens, ducks, geese, turkeys. We only three rooms. We never home the boys. It was my sister, my mother the most and my father. We never home.

In Sicily, boys went to work instead of going to school. Remember, an education was not as available there as in Northern Italy. Poverty did not allow for schools in the farmlands and even if there was a school, Grandpa's family didn't have the luxury to buy for him his own paper, pencils, books. So, he went to work.

GRANDPA   We used to work on a ranch and we used to stay there. We used to go home, for instance, once a month. When I started I was about, not even nine years old. I used to go home every four months. They used to send me home for three days.

The ranches used to keep on moving.

Sometime they used to [be] five miles from home, sometimes used to be ten mile. To go like me where there was a bit of grass [to graze] then we had to move another place. And we stayed there another four or five months. The most time we stayed in one place was wintertime because they had more grass. The sheeps, the cows, they was [they needed] a lot of ground. But in the summertime we used to keep on moving.

It was Bastiano Tumberello who owned the ranch. Ya, he was an old crook. Ya, that why he got rich. The people they are looking for kids. Ya, they all wanted kids. When I grow up, when they used to pay me more I used to go with them. They used to hire you for one year. If you was good and you was satisfied with what they gave you, you stayed for another year. I worked, since 1903-1913 I work in four places. And the last, best job I had, a fella had a ranch. I used to be the ranch supply. Ya, I used to take stuff from the ranch to the owner and there was a quite a little way most of the time. It was like with a horse and teams it would be two hours running or better with good weather. Wintertime used to be more.

In other words, Grandpa was a shepherd and then a cowhand. The boys were left to tend the animals in the fields, while the men, as Grandpa did when he was older, ran supplies and collected the goods – milk, meat, and so forth – from the owner to be taken to the ranch where the animals were grazing. This was a typical Sicilian lifestyle. The crooked landowner that Grandpa worked for did get to be rich because he was a swindler. But that was how most of the landowners became rich. The ranches and farms were set up for profit sharing, but an owner split the profits to benefit himself. For example, a landowner typically kept 90 percent of the profits and the other ten percent was split among his employees.

Danilo Dolci, a native of Northern Italy who moved to Sicily in the early 1950s, found conditions virtually unchanged in the forty-plus years since Grandpa Guarino's time. A social justice activist, as we would call him today, Dolci lived and worked among fishermen and the peasants, learning their trades and learning about their "struggle to exist."[14] His work led, in part, to the finding of their voices, and he recorded their stories as told to him. In his book *Sicilian Lives,* he recounts the story of Santo, a tenant farmer. Santo and Grandpa Guarino, working the land in neighboring provinces – Grandpa from the province of Trapani, Santo from the province of Palermo – tell similar stories of crooked landowners.

Santo battled with his landowner when it came time to "settle accounts" on the products he had worked hard to grow. When he "would protest an unfair settlement, the owner'd jump up and say, 'tough luck, see you later'." Santo learned of a law proclaiming "the products got divided sixty-forty." He organized, as best he could, his fellow tenant farmers against the landowner and protested the profit-sharing injustices. Over the years, the distribution would fluctuate from whatever the landowner wanted to an occasional fifty percent. Santo finally accomplished a fair settlement of sixty-forty percent, although without benefit of the law and government support; the government officials were secretly working with the landowners. It was subsequently accomplished after more than ten years of fighting the landowner, striking, being jailed at least twice, fighting eviction of his straw-hut home, and staving off the land-owner's attempts to bribe him into ending his crusading. But the legal distribution of sixty-forty lasted only one year; Santo and his fellow tenant farmers were too tired to fight the landowner and government all over again.[15]

Santo's experience likely mirrors that of the ranch where Grandpa worked, although I'm sure there were some differences.

Yet, Santo's story at least opened a window in my mind through which seeped an understanding of the environment of Grandpa's ranch-hand days and the conditions under which he worked.

Grandpa recognized other injustices in the life in Sicily. Besides the landowners and government officials, the priests took advantage of the people, too. But the priests were more successful with the women than the men. They convinced the women, by working on their concern for their families, that giving to priests could bring their families good luck. The Italian religion, although Catholic, is its own special blend of "pagan customs, magical beliefs, Mohammedan practices, Christian doctrines and most of all contadino pragmatism."[16] *Contadino pragmatism* held that if something worked, use it. It made sense, then, for women to buy insurance for their families. Of course, they never stopped to realize that their luck was not very good. They only thought of how worse things could be had they not bought their family's security.

Remember, anticlericalism existed in Sicily, too, but mostly among men who were skeptical of priests. They saw that they used their office to their own advantage. Grandpa explains his cynicism:

GRANDPA   I don't care for priests, I'll tell you the truth. After mass they used to go around and who would – oh, poor ignorant people, you know what I mean. Very poor who used to give him eggs. Who had wine used to give a bottle of wine. Who used to have fruit, used to give fruit. And he used to make in the neighborhood I'd say twenty-five or thirty families, see. So he used to shopping for the week and he used to go back to the city again. Next week he'd come back and do the same route again.

Grandpa saw how poverty dominated their lives. He did not believe in dowries, for example, because they forced people into debt. He had even felt its pinch. From the time he was eight years old and began working, part of his earnings had gone towards his sister's dowry. When he was older, he wanted a good suit and felt he deserved one. His mother and father said, "no worry, when your sister get married we buy you a good suit."[17]

Well, the time came. The family of the man whom his sister was to marry did not ask for a dowry, they were well off. But Grandpa's mother, Giacoma, said, "that's the only daughter I got."[18] She was going to provide her with a dowry even if it meant going into debt. And she did, both provide the dowry and go into debt.

But in the meantime she, her husband, and Grandpa went shopping for his suit. They took him to one store and showed him a cheap suit, which he did not like. On the way to the second store, they passed another clothing store with a suit in the window, the kind Grandpa wanted. "No, no, no it's too much money," his parents said. He did not like the second suit they showed him either. Back and forth they went. Finally, he said, "Don't buy me anything. If you wanna buy me a cheap suit, I don't want it. And if I get out of this goddamn mess I won't come back no more."[19]

Grandpa got the suit he wanted and he did leave Sicily. At first he was headed for North Africa, but his mother, not wanting him to leave, convinced him that everyone there got "cooties." Grandpa had a skin condition already so decided instead to go to the United States. He traveled by train from Marsala to Palermo. In Palermo, he bought a ticket for steerage passage on the vessel *Palermo* ("a boat that was used to carry horses from South America to Europe."[20]). He left Sicily on 10 July 1913, and arrived in Boston, Massachusetts on 27 July 1913 with $25 in his pockets. He was headed for his mother's brother, Vito Giglio in Cambridge, Massachusetts, a city next to Boston. He was 5'7" with chestnut colored hair, chestnut eyes and a rosy complexion. And he was in good health. If he had not been, he would have been sent back to Italy. Immigrants who traveled steerage passage were not accepted into this country if they were handicapped or diseased.

Once here, Grandpa never went back. The only time he even came close was when the Italian Consul summoned him for a physical exam to serve in the Italian Army. Grandpa had been here a year and a half and earned just enough money to outfit himself. His uncle wrote to the Italian Consul asking permission for Grandpa to stay in the United States for one more year. He wanted to save money so that his family would be better off when he returned. The Italian Consul's letter notified Grandpa that his request had been denied. Grandpa, refusing to return to such poverty, opened his coal stove and burned all his papers, including his passport. "If they [the Italian government] wanted him," he said, "let them prove it and do all the paperwork and come after me." In other words, let them prove he was Italian and, if they did, they would have to come and get him.

At the beginning of World War I, though, Grandpa did want to return and fight for Italy. But his uncle said, "No, you're stupid if you go. They [people in Italy] were asking for clothes; they were asking for everything like that," he said, "over here they got every-thing."[21] So, Grandpa joined the United States Army. He was in the Second Division of the 23rd Regiment stationed in France. He was proud of his service to his adopted country. At ninety-one years old he could still recount the five major battles he fought as an infantryman including, as he told his stories, The Argonne Forest. And every year he would go to the 23rd's reunion in San Francisco.

After the Army, he went to work as a sausage maker and met Grandma. Eventually, as I've mentioned, he began his own enter-prise, Providence Packing, and turned it into a family business as his sons got older. At ninety-four years of age, he lived alone in the same brown three-decker house and spent his days, until his death in July 1989, tending his garden, in keeping with the Italian secret marriage with Mother Earth.

Giuseppe Guarino and Anna Giacalone Guarino

Anna Giacalone and Giuseppe Guarino

Giuseppe Guarino in the US Army

Salvatore Guarino, his wife, Giacoma Giglio, and Giuseppe's Brothers –
Antonio, Giacomo, and Francesco

Michela Tumberella and Francesco Giacalone

Anna Giacalone

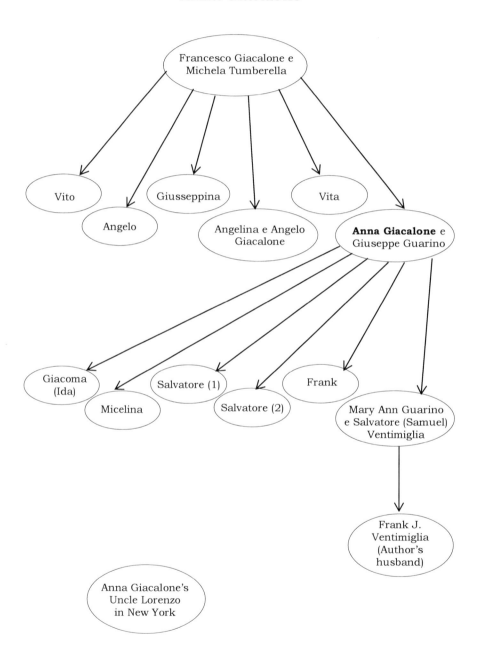

Anna Giacalone

YOUR GREAT-GRANDMOTHER, Grandma Guarino, was born Anna Giacalone on 7 December 1898 in Marsala, District of Trapani, Province of Trapani, Region of Sicily, Italy. Her parents, Francesco Giacalone and Michela Tumberella,[22] had six children. Those children were Vito, Angelo, Giusseppina, Angelina, Vita, and Anna. Her father died around 1915, leaving her mother penniless and with two unmarried daughters, one of whom was your great-grandmother. Her brothers were in the army and unable to send enough money home to support the family.

Grandma worked as an apprentice seamstress. Sicilians and Southern Italians who were apprentices were usually orphaned. Grandma's indigent state equaled that of an orphan. An orphan's only hope for survival was to find an apprenticeship that provided job training, meals, and in some cases, a place to live. But "masters" took advantage of these situations and paid very small wages. Grandma's mother finally said to her, "if you're gonna do anything, you better go to America."[23]

So, Grandma, with her sister Angelina and her husband, Angelo Giacalone (a distant cousin), and their son, Giuseppe, left Sicily to go to America. One of her brothers paid for her passage. They arrived in New York in March 1919 and spent a month in Brooklyn, New York, with Zio Lorenzo, their uncle, before moving to Boston, Massachusetts.

Once here in America and living in Boston, Anna Giacalone continued her work as a seamstress, but only for a short time and only after her engagement to Grandpa. Grandpa said he got her a job as a seamstress with *la donna* Rosina Scurto, who had her business on the corner of Prince and Hanover Streets in Boston. Then the business moved to Salem Street, but Grandma stopped working when she got married.

Grandma resembles the stereotypical Italian Mamma as understood in this country. Even an outsider, though, would surely recognize her position as "Minister of Internal Affairs" according to Gambino's (1974) description. She was giver of life to her family and extended family. Her presence continued to influence family decisions even after her death.

Grandpa met Grandma when he accompanied his aunt and uncle to the home of Angelina and Angelo Giacalone to visit a mutual friend from Marsala. Grandpa talks about their meeting:

GRANDPA   Mamma, she was dressed in black and had the sister boy in her lap, in her arms thing like that. So I don't know, they introduce me . . . So the women, they started talking so on and so forth. So, when I went home she said, 'that girl is good for you.' I said, 'Geez, you gonna give me a widow now too?' Because they wanted me to get married all the time – that good for you, that good for you.

I said, 'No. I had no idea to get married right away.' I was twenty-six years old and I never trusted much about women, I tell you the truth. I'm a free man you see. So my aunt said, 'no. She's single. That's the sister baby. And you want me to call them?' I said do what you want. Zia Angelina wanted her to marry a widow, fisherman with a boat. She don't want to.

When they, when I say yes, [when the arrangement was made], I couldn't come back anymore [alone]. So the first time I talked with my wife she said, 'if you want to marry me,' she said, 'I want you to remember I got nothing. I got no money. I got no diamond or ring, gold thing like that. I got no clothes,' she said, 'that's what I got on.'

Remember, Grandpa did not believe in dowries. I'll bet he was even attracted to Grandma by the fact that she did not have a dowry and that she spoke out about it. He was against them because creating one would put poor people into debt. Yet, he was also against them because families would display their daughter's dowries and what they had he believed was nobody's business. Further, often what was in the dowry was not what a new family needed; at least not what he needed or wanted. He said:

GRANDPA   I, you know, I was against those things. Then before they used to get married they used to get a clothesline and they used to display everything. Twelve dresses, twelve sheets, twelve brooms, twelve this, twelve that. Some were big – sixteen. What the hell do I want with sixteen pair – stuff like that. Then a lot people couldn't afford it and they go into debt.

Following their marriage, Grandma was a wife, mother, and homemaker who only spoke her native language of Italian. She bore six children – Giacoma (Ida), Micelina, Salvatore (1), Salvatore (2), Frank, and Mary – and raised the five who survived; Salvatore (1) died in infancy. She took ownership of their home and worked there until the day she died in October 1984.

Unfortunately, there is little I can say about Grandma Guarino. Although I appreciated and respected her position in the family, I never knew enough about her or the Sicilian ethos to understand her when she was alive. I felt honored, though, when asked to write her eulogy. In retrospect, I realize that my words did not do her justice. I credited her with the Gift of Hospitality. She was, in fact, THE giver-of-life. She united sons, daughters, grand-sons, granddaughters, aunts, uncles, nieces, nephews, first cousins, second cousins, *paesani*, one to another, through her communion of food, served on the red and white-checkered covered table.

In Closing . . .

ERHAPS, MY CHILDREN, you have noticed the similarities in the immigration experiences of your father's and my grandparents – your great-grandparents. Both grandfathers came to this country in 1913 – to stay. When I asked Grandpa Guarino if something was happening in Italy at that time, he said, "yes." There was a bad drought and the vineyards dried up, affecting people's jobs in all parts of Italy. This did not seem to affect our grandfathers, but it could have indirectly contributed to the tensions and circumstances surrounding their decisions to leave. Regardless, 1913 saw the height of Italian migration when over 400,000 people left Italy for the United States.

Both men were in this country a relatively long time (Nonno – five and a half years and Grandpa Guarino – six and a half years) before marrying. Success, it seems, must have been on their minds more than marriage. Not surprisingly, when your great-grandfathers did marry, it was to women they met by visiting friends and relatives; women they had not known in Italy, but who came from the same Italian towns. Immigrants flocked to the familiar in their new world and lived in enclaves that mirrored the culture and traditions of their homeland villages. In a strange new land, living with and near people who shared the same customs offered them a familiarity and comfort that provided a sense of security for starting a new life.

Both of your great-grandfathers were strong family men.

Grandpa Guarino had recognized, in Italy, the conditions that affected the whole family unit. For example, he was against dowries or traditions that led a family into poverty. It is apparent to me that Nonno was aware of circumstances that could disrupt the family unit, particularly related to trust and interactions among family members. Both of them, then, carried to this country the primary value of *la famiglia,* but found, to their way of thinking, better ways to preserve its structure. And both men were in the food business, which I believe shows the importance they placed on food as communion and preservation of *la famiglia.*

There are similarities, too, in the stories of your great-grand-mothers – Nonnie and Grandma Guarino. Hidden in the shadows of their husbands, they fulfilled their homeland role of center of *la famiglia.* They prepared the food served as communion, the host of life, to family, friends, and their Italian *paesani.* They welcomed people into their homes, engendering community through food, conversation, and the celebration of friendship, thereby fulfilling as well their expanded roles described by Gambino (1974) as "the center of the life of their entire ethnic group."[1] Nonnie would receive people in her cozy dining room and, in good weather, outside under their grape arbor with the brick fireplace, the purpose of which was specifically to receive and entertain guests. Grandma Guarino received people around the red- and white-checkered cloth-adorned table in their basement. Their basement was also referred to as the "clubhouse." Living in a big, close-knit neighborhood in East Boston with people from Marsala and other parts of Sicily, *paesani* would gather for a variety of events, including helping Great-Grandma can her homegrown tomatoes, an event that was considered a "really big deal," according to Grandma, and which was anticipated throughout the year.

Both women, of course, were excellent cooks. In fact, Aunt Irma has said that Nonnie merely had to "lift the cover of the pan and smell" what was cooking to know if it needed more salt, more pepper, other seasonings or an adjustment of its ingredients. She did not have to taste food to know if it was done to perfection, such as the steaks she cooked outside on a grill. These were tested with the light touch of her thumb to know if they were raw, medium, or well-done, in other words, if they were cooked perfectly, *perfetto*!

The foods they prepared, as you might imagine differed according to the regions of their Italian homeland. Some of Nonnie's specialties included her own homemade pasta, ragù, raviolis, lasagna, tortellini, polenta, and chicken dishes. Nonnie, however, wasn't a purist. Her repertoire of foods included more than Italian dishes. Weekly, she would scour the newspapers for new recipes, read cookbooks, and experiment with creations of her own. (Nonno cooked, too, but only on occasion. Yet his tortellini, homemade pasta, and ragù sauce were popular in our family after Nonnie's Parkinson's Disease prevented her from cooking later in life.) Grandma Guarino's specialties were somewhat similar – homemade pasta, tomato sauce called zugu in Sicilian slang, breads, pizza, and chicken. Both sets of your great-grandparents – the Alberghinis and the Guarinos – domestically raised their own chickens, accounting for that popular meal. Although some dishes were distinct to Northern Italy and unheard of among Sicilian American families such as tortellini and polenta, the biggest distinction in the food they prepared was most noticeable in the ingredients. For example, Nonnie's ragù was made with the trinity of celery-carrots-onions, tomatoes, a blend of finely ground and sautéed beef and pork, wine but no water in the basic recipe. Grandma Guarino's sauce was made with onions and garlic, tomatoes, and water but no wine and no meat, although all types of meat were added to it for meals, such as flank steak, meatballs, and so forth.

Now, going back yet another generation, there are also similarities in the lives of your great-great-grandmothers in Italy – Maria Rosa (Rosina) Ranieri Alberghini and Giacoma Giglio Guarino. Legendary in their own right, they were strong women who contributed to the financial well-being of their families. Maria Rosa, remember, managed the family-owned restaurant and grocery store; Giacoma took to the city streets, peddling the foods of her neighbors to make a little profit for herself and them. They symbolize the ethos of Italian women and were adored by their immigrant sons for the persons they were and because they represented family and their Italian homeland.

But what does all this mean for us as third and fourth generation Italian Americans? First, we have begun to unravel the Italian American dilemma. We know from whence we came. We know some of our ancestors, what their personalities may have been, and possibly have seen similarities among their experiences, thereby bridging the chasm between Northern Italy and Sicily within our own family. We even have begun to understand their culture. Quite unexpectedly, I also came to see how our Italian heritage could be used to creatively change "our environment from a culture of rapism to a culture of reciprocity with the beauty of the earth"[2] and help right the injustices of society.

I'm speaking here of the feminist movement primarily in America but with an acknowledgment of the same in Italy; a movement, which still exists today, although perhaps more subtly, where the collective goal is to abolish societal and political injustices which, I believe, following Chivola Birnbaum's (1986) definition of feminism, leads to creating a better world. Feminists of both countries' movements would be women and men who, according to Daly (1974), have broken down the walls of their psyche "to become themselves," people who have been able to do so because they acknowledged the various influences on their identities, denouncing "the pseudo-reality" of dominance based on one's sex, and accepting who or what they are. They have recognized their strengths and weaknesses. They have met their inner self and begun to confront their "own depth of *being*;" they have begun to live out the verb I AM.[3]

Once people understand and accept themselves and become be-ings, they exist more fully. They are better able to work cooperatively with other people in an effort to destroy hunger, poverty, inequality, the threat of nuclear war, and so forth. In other words, they are working towards abolishing a rapism of the world; a value, I believe, that is consistent with our Italian heritage.

From where, you might ask, do these feminist values come? Their initial beginnings were in the Earth Mother culture in the Mediterranean predating the patriarchal system of Christianity where women were hurled into inferiority. They reappear during the great Renaissance movement in Italy of the fourteenth to sixteenth centuries and once again surface through the women socialists of the late 1800s and early 1900s.

The Earth Mothers who reigned across the Mediterranean established the matriarchal culture. An Earth Mother is personified as a woman associated with all things related to birth – the earth, the universe, humanity, and so forth. In ancient religions, she is "an eternally fruitful source of everything. . . . She simply produces everything, inexhaustibly, from herself" without need of fertilization.[4] She is nurturing, passionate, seeks fusion with others, that is she seeks relationships and, according to modern day Italian feminists, she, like they "convey a timeless sense of self" – everything begins, ends, and begins again with her.[5]

The Renaissance Feminists wrote in defense of women's "dignity and capability." Renaissance Feminists were raised within the larger realm of humanistic ideas and in "the intellectual family," as described by Sarah Gwyneth Ross in *The Birth of Feminism*, where daughters were educated alongside sons. During the Renaissance period of humanism where "the world of ideas"[6] extended beyond Church doctrine and where "humanists contrived their own philosophy"[7] grounded in the values of man and woman-kind, women writers were not marginalized. Instead, having opinions of their own, they were considered "active contributors to culture." Further, "by doing the same scholarly work as men" they contributed to creating an "equality of the sexes" particularly "in matters of the mind."[8]

Women socialists of the 1890s and early 1900s, as described by Chiavola Birnbaum in *liberazione della donna – feminisim in Italy*, may be considered the precursors to modern day feminism.

Following the full unification of Italy, economic conditions began to change, yet not for the better as might be expected. Rather, they began to deteriorate. A "North-South economic polarity" developed where the poverty of Sicily and the south was extreme and the north became industrialized. Women across Italy, however, faced unhealthy conditions – whether through the circumstances of poverty or the environments of industries – stimulating activism among them. A socialist group of Sicilian women "of the 1890s declared: 'There should no longer be either rich or poor. All should have bread for themselves and for their children. We should all be equal';" and, socialist demonstrations prevailed. Teresa Noce, a textile worker in Northern Italy at age six, quickly became aware of the "injustices of working-class life" where people like she and her brother "had to work ten and a half hours a day" and still her mother, who also worked, could not pay the rent, buy bread except on credit, or buy Teresa good shoes or a book to read. These experiences led her to become a socialist. And then there are the strikes and demonstrations of 1917 during World War I. In Northern Italy, strikes for *pane e pace* (Bread and Peace) were initiated by women who, although working long days at factory jobs, could not buy bread for their families because there wasn't any to buy. Likewise, there were Sicilian demonstrations by women protesting the war carrying banners in "peace parades" that read: "We want peace and we are hungry."[9]

Herein lies another similarity between your Northern Italian and Sicilian cultural backgrounds. Italian women throughout Italy, yet of particular interest those in the north and Sicily, were activists of equal stature. They both participated in socialist demonstrations, strikes, and when, in the 1960s, the "educated Northern Italian women" initiated the feminist movement, Sicilian women, especially peasant women, were their counterpart resolute leaders and participants.[10] Although I do not know of any outright socialist or feminist activism among our Italian ancestors – Maria Rosa, Laura, Giacoma, Michela – the world within which they lived corresponds to these activities and begs the question – Were they feminists and socialists and, if so, in what ways? What did they do?

Today, then, the Italian and Italian American family – our family – grounded in humanistic attitudes that include a feminist center, can extend familial roles and values into society, thereby contributing to the creation of a fair and just civilization.

Participation in creating a better world occurs through Mary Daly's feminist be-ing who lives out the verb I AM as described in *Beyond God the Father*. The feminist, female or male, actively participates in correcting society's injustices extending worldwide starting with her own neighborhood, injustices that range from unequal rights between women and men, unfair welfare systems, inhumane treatment of others, be it in prisons, human trafficking, or within society in general, abuse of women or women's values in the workplace, poverty, and the threat of nuclear war, among others. Although the goal of feminism changes with time and societal context, as I see it, the goal is to work towards the common good for everyone.

Remember, there are many influences in your lives, which lead you to be the person you are. Understanding your Italian heritage and meeting your inner self by breaking through the walls of your psyche give you the tools to live out the verb I AM. You have only to choose to use this self-knowledge and these tools to optimally work cooperatively with others towards creating a better world.

Working cooperatively with other people, however, is based on relationships. A relationship, any relationship, is based on same and opposite gender interactions. Breaking down psyches and becoming oneself means that you can be comfortable with the roles assigned by society to one another's gender. For example, a man has the potential to nurture relationships and handle child-care as easily as a woman. To develop these capabilities, however, men need to break through the perimeters of their mind or those societal roles that limit their interaction with others. Men need to understand that they "tend to have difficulty with relationships,"[11] and need to learn to value and to participate more intimately in relationships. Then they will understand the value of women's emotions. They will be able to recognize and adopt women's strengths. They will be able to accept women as equals.

A woman can lead and problem-solve as logically and as well as a man. Her familial role in nurturing relationships, combined with her experience of meeting everyone's needs within the family, are proof that she has the capability to problem-solve with the added benefit of caring for all involved. Her passion, perhaps grounded in a desire of connecting with others, of being in relationships, as that of the Earth Mother, "connote[s] many kinds of love" and can be considered within the women's realms of "motherhood, religion, politics, [and] work"[12] activities that bring together people for the common good. Given the condition of our world, we need to similarly and collectively begin problem-solving. We need to exercise our passion to nurture relationships between and among communities of people. This is as timely now as it was when this book was first written. Although in the past thirty years there has been much progress in securing equal rights for women, there is still much to do. Look around you. Where do you see the qualities of nurturing passion? Where might you bring those same values to help create a better world?

Relationships, however, begin between individuals.

So, my sons, I hope I have encouraged you to break through the walls of your psyche. I ask you to accept yourselves and women. I believe your ethnicity is a good foundation on which you can draw to accomplish this. As Italian American men, the attitude bestowing "honor" upon women can be a starting point with which to accept women in general. Then you can begin to learn about yourself in comparison to the strengths of women already discussed. You also have the advantage of the Northern Italian characteristic of working and living cooperatively together. Remember as well, the examples of your great-grandfathers, Nonno and Grandpa Guarino, who endured the pain of taking the values of their homeland to a foreign country in an effort to improve them. You can continue to improve their vision using your ethnicity and its humanistic values to attain feminist attitudes, for within these values lies the equal blending of female and male importance through the mixture of the Italian matriarchal and patriarchal familial structure.

And, to my daughter, women also need to recognize and accept their strengths. Women have been forced into poor self-images because our male-oriented society considers our emotional reasoning powers a weakness. We have historically been treated as inferior, second-class citizens. It is time, then, for women to become autonomous and to develop identities detached from men, not to work against men but *with* men.

As an Italian American woman you are very fortunate. Italian women have always been appreciated for their strengths, the same strengths that American society has traditionally considered shortcomings. Italian women have always combined family with career, or simply chosen a career (careers were the first consideration of the women in Nonno's family). You have, then, a rich background as your support system. You can use this knowledge towards developing a good self-esteem. And although the strengths of your great-, and great-great-grandmothers appear here in their silence and determination, you can use their examples as a source of inspiration for your own accomplishments. You can also be creative with your ethnicity and expand the role of "giver of life" beyond the family to the workplace and the community, knowing that women have the power to change the world.

For all of you, your Italian heritage can be one key to living well-integrated lives.

With Much Love,

Mom

Family Homes and Parishes

The Ranieri-Tassinari Family Homestead where Domenico Ranieri and Imelde Tassinari lived, raised their family, and Domenico had his grocery store and tavern. Photo courtesy of Raffaella Tassinari Ballati and Francesca Tassinari Canettoli

Church of San Sebastiano, Renazzo, Italy where Maria Govoni was baptized, Maria Rosa Ranieri was baptized and married Ruffillo Alberghini, Imelde Tassinari was baptized and married Domenico Ranieri, and where Domenico Ranieri was raised in the parish rectory.

*Church of the Holy Trinity of Dodici Morelli, Italy and the object
of Ruffillo Alberghini's manifesto to publically debate Don Giuseppe
Cecconi. Photo courtesy of Fabio Alberghini*

The birthplace of Luigi (Louis) Alberghini

The home of Laura Ardizzoni and Carlo Govoni and possible birthplace of Maria Govoni

The white Dutch Colonial home of Luigi (Louis) Alberghini and Maria (Mary) Govoni Alberghini

The Three-Decker home of Giuseppe Guarino and Anna Giacalone Guarino

The little green door entry-way on the side of the Guarino Three-Decker home that led to the enchanting room of Giuseppe and Anna Guarino

Una lettera ai miei figli:
patrimonio di una famiglia Italo Americana

Dediche

Per i membri della famiglia qui descritti per il loro amore e
per il loro impegno per la *famiglia*:

Luigi (*Louis*) Alberghini, Maria (*Mary*) Govoni Alberghini,
Ruffillo Alberghini, Maria Rosa (*Rosina*) Ranieri Alberghini,
Giuseppe Guarino, Anna Giacalone Guarino

* * * *

Chi non si cura da dove è venuto,
si cura poco di dove va.

Daniel Webster
Statista Americano
1782-1852

Sommario

Illustrazioni

(Le trovate nella sezione inglese di questo libro.)

Prefazione

SONO SEMPRE stata curiosa del mio retaggio italiano, eppure non l'avevo mai completamente esplorato. Ho usato l'ultimo semestre di laurea per farlo. Ho realizzato che studiare la mia storia mi avrebbe aiutata a capire la mia identità di donna italo americana e avrebbe aiutato i miei cinque figli a capire la loro. Ho pensato che questo sarebbe stato particolarmente vantaggioso in quanto la mia famiglia viene dal Nord Italia e quella di mio marito Frank dalla Sicilia. Anche se il valore fondamentale della famiglia esiste in entrambe le nostre tradizioni, alcune differenze culturali sono state notevoli.

Questa ricerca culminata con la presentazione per la tesi di laurea dell' *Adult Degree Program* (ADP) presso il Vermont College dell'Università di Norwich a Montpellier, Vermont, è stata uno studio introduttivo delle due culture all'interno della storia e della cultura socio-economica italiana. Comprendeva ricerche genealogiche – la ricerca degli antenati e della storia della famiglia – la ricerca e la registrazione delle storie di famiglia. Questo lavoro, la cui versione originale è stata scritta nel 1985 in parziale adempimento ai requisiti della mia laurea in lettere, è presentato nella forma di una lettera autobiografica ai miei figli in cui racconto le nostre origini Italiane ed è accompagnata dai profili dei nostri antenati attraverso i quali si spiegano le nostre differenze etniche.

Per le persone che dovessero essere interessate a ricercare la loro famiglia offro qui l'esperienza del mio processo.

Non ho esitato a contattare chiunque credevo avrebbe potuto aiutarmi. Se non riuscivo a trovare un libro, scrivevo all'editore. Se leggevo un libro e pensavo che l'autore avrebbe saputo dove trovare più informazioni, scrivevo a lui o lei. Vedete, come ho trovato abbondanti informazioni sulla Sicilia, così c'erano pochi studi riguardo la cultura del Nord Italia. Ho contattato delle agenzie di viaggio, in particolare l'Agenzia Nazionale del Turismo italiana (ENIT) a New York, così come delle organizzazioni italo americane. L'Italia ha venti regioni che differiscono per dialetto, tradizioni, cibo ed economia, e in molte altre cose. Uno può tranquillamente trovare informazioni sulla Toscana, luogo di nascita del Rinascimento, o sul Veneto patria di Venezia. Tuttavia c'è una scarsità di studi per quanto riguarda il Nord Italia, e in particolare la regione che stavo studiando io, l'Emilia Romagna, era la meno esaminata.

La mia frustrazione per la mancanza di risorse e di informazioni è salita rapidamente alle stelle. Fortunatamente ho avuto due conversazioni di grande aiuto: una telefonata con la Dr.ssa Alice Rossi e un incontro con la Dr.ssa Laura Govoni. Dal dialogo con queste donne ho scoperto il valore primario di parlare con i parenti e i vecchi amici di famiglia.

La Dr.ssa Alice Rossi era professoressa di sociologia di Harriet Martineau all'Università del Massachusetts – all'Istituto di Ricerca Sociale e Demografica di Amherst. Si interessò al mio lavoro perché stavo facendo delle domande sulle differenze tra la cultura del Nord e del Sud che, stando alle sue conoscenze, non erano ancora state fatte. La Dr.ssa Rossi mi assicurò che non esistevano libri sulla cultura del Nord Italia. Mi disse inoltre che la migliore risorsa di informazioni sarebbero state le persone, indipendentemente dal fatto che fossero disponibili altre fonti.

La Dr.ssa Laura Govoni aveva ventisette anni ed era la figlia di Augusto (Gus) Govoni, che ho raggiunto in Connecticut. Lo scopo dell'incontro con Gus era di scoprire informazioni riguardo ai membri della famiglia che mi avrebbero aiutato nella mia ricerca genealogica. Noterete in questo libro, però, che ho imparato molto

di più dei nomi degli antenati a suo tempo! Eppure, prima che
avessi la possibilità di iniziare la mia intervista-dialogo con Gus,
sua figlia, Laura, entrò nella stanza. Ci hanno presentate e mi ha
chiesto del mio progetto – il mio scopo, gli obbiettivi e il metodo.
Era un'infermiera diplomata autrice di libri legati alla professione
medica. Più importante per questo lavoro era anche professoressa
di antropologia presso l'università del Connecticut e presso le
scuole di specializzazione universitaria di antropologia a Boston.
Avendo capito che tipo di ricerca io stessi svolgendo, mi suggerì di
utilizzare alcuni metodi antropologici. Mi ha fornito molte risorse,
la più utile delle quali è stata *La storia della vita nella Scienza Antropologica* di L. L. Langness.

Nel compilare le storie della vita, dice "tutti i tipi di dati sono
preziosi: fotografie,…registrazioni (su nastro),…articoli prodotti
dai singoli,…un inventario della famiglia della persona,…descri-
zioni o mappe della posizione delle sue case e giardini o entrambi
e così via."[1]* Questo elenco di risorse è altrettanto valido per lo
svolgimento di ricerche genealogiche e per la ricerca delle storie di
famiglia, con ulteriori documenti quali le annotazioni di servizio
militare, documenti catastali, le liste dei passeggeri, la nascita, il
matrimonio e i certificati di morte.

Ho quindi adattato la disciplina antropologica combinandola
al metodo genealogico, nel tentativo di comprendere gli effetti
sociologici sulle personalità dei miei antenati. Questo, certamente,
era in aggiunta ai miei studi accademici e alla ricerca della storia e
della cultura italiana.

I nastri con le interviste registrate sono stati preziosi. Secondo
Langness, sono "una raccolta di dati attraverso domande dirette o
indirette [essi sono inoltre] un mezzo indiretto di osservazione."
Il successo di ogni intervista dipende, però, dal rapporto dell'intervistatore con il soggetto. Come anche Langness sottolinea, "ogni

---

*Da Langness L. L., *La storia della vita nella Scienza Antropologica 1E*. Copyright
    1965 South-Western, una parte di Cengage Learning, Inc. riprodotto su
    autorizzazione. www.cengage.com/permissions

etnia è per certi aspetti una personalità unica in un ambiente unico e deve essere in grado di adattarsi alle reazioni che la sua presenza provoca in coloro che vuole studiare."[2]

Questa descrizione è stata riportata alla vita quando ho ascoltato la mia intervista registrata di Gus Govoni. Ho sentito la diffidenza e l'esitazione nella sua voce. Tuttavia ha parlato liberamente con mio padre di Ruffillo e Domenico, il padre di mio nonno e il trisnonno rispettivamente. Dopo poco che stavano parlando sbottò "cosa sta facendo?" E mio padre rispose "sta tracciando la storia della nostra famiglia." "È interessata a tuo nonno?" Chiese Gus cominciando a parlare un'altra volta di Ruffillo. (Dovrei dire che le persone che ho intervistato confondevano facilmente le generazioni e qualche volta si riferivano al mio trisnonno, per esempio, come se fosse mio nonno). Mi ricordo che poi si rivolse direttamente a me e smise di guardarmi con la coda dell'occhio, anche se stava ancora valutando la mia affidabilità.

Decisi di mettere da parte la mia famiglia per il momento iniziai a chiedergli di lui e della sua famiglia in Italia. Quando ho riascoltato l'intervista ho riconosciuto questo come un punto di svolta. Ho sentito un cambiamento nel tono della sua voce e mi ha detto di avvicinarmi e di sedermi sullo sgabello ai suoi piedi.

Parlò molto di se stesso. Infatti, mi chiedevo se avrebbe mai menzionato la mia famiglia un'altra volta. Ma dopo ho pensato – Perché dovrebbe? Di che cosa dovrebbe voler parlare un uomo di 102 anni, che è sopravvissuto tutti questi anni su questa terra, se non di se stesso? Sembrava essere un privilegio che meritava. Una meravigliosa sorpresa mi aspettava. Quando ho ascolta la registrazione dell'intervista ho realizzato quanto mi avesse insegnato sull'Italia e il paese dei miei antenati mentre parlava di se stesso. Mi ha trasmesso informazioni inestimabili che hanno portato alla luce la mia eredità.

Ho trovato la stessa esitazione nella mia intervista al nonno di Frank, Giuseppe Guarino. Rispondeva più liberamente a Frank e a sua madre. Così, dopo la prima intervista, preparavo le domande e le controllavo con Frank, spiegandogli quali fossero i miei obbiettivi così che sapesse quali altre domande fare per arrivare alle informazioni che cercavo. Poi insieme abbiamo intervistato suo nonno attraverso le conversazioni negli anni di visita a casa sua.

Ho realizzato in entrambe queste interviste che le persone rispondono meglio alle persone con le quali hanno già una stretta relazione. Nonostante la famiglia di Gus e la mia fossero amiche, io non lo avevo mai visto prima, quindi ero un'estranea. Sebbene conoscessi il nonno di Frank abbastanza bene e ormai ero stata accettata nella famiglia, rimanevo una persona del nord Italia che faceva domande sulla vita dei siciliani. Fino a quando non ho finito le interviste, sono stata sospettata. In generale, sviluppare un rapporto con l'intervistato fu critico. Questo divenne l'obiettivo inziale delle interviste, dare il tempo all'intervistato di conoscermi, entrare in confidenza con me, e fidarsi di me.

C'era un altro fattore interessante nelle interviste – la differenza nelle versioni di diverse persone delle storie di famiglia. I seguenti estratti di interviste con Gus e Irma Mc Guff, mia zia, riguardo Ruffillo, il mio trisnonno, e Maria Rosa, la mia trisnonna, sono un esempio.

GUS   Tuo nonno era un bell'uomo. Ruffillo era l'uomo migliore di tutto il paese. Fu lui a iniziare a costruire il paese. Uno degli uomini migliori del paese – Ruffillo.

Gus gli attribuisce il merito di aver costruito diversi edifici, gestito un caffè, un ristorante, un negozio di alimentari e una sala da ballo. Non ha menzionato la moglie di Ruffillo, Maria Rosa, in nessuna conversazione.

Zia Irma in precedenza, nelle conversazioni informali di famiglia, aveva chiamato Ruffillo un mascalzone, affermando che egli era quasi l'uomo di tutte le donne. Nella mia intervista registrata dice:

IRMA   E lei (Maria Rosa) in realtà, non so quale fosse
il contesto familiare di lui, ma lei fondamen-
talmente fece di lui l'uomo più importante
del paese perché lei era una donna d'affari
di successo. E, come ho detto, lui era un
agricoltore gentiluomo – lui semplicemente
godeva i frutti del lavoro di lei.

Dalle ricerche appare che Ruffillo fosse allo stesso tempo un
uomo donnaiolo e meraviglioso. Mentre probabilmente apprez-
zava le donne, in qualche modo fu responsabile dello sviluppo
dell'economia e degli standard della vita del paese. Ma queste
discrepanze portano a diverse domande. Gus ha visto solo quella
parte di Ruffillo perché troppo giovane per capire il resto? (Sfortunatamente aveva ventiquattro anni ed era sposato quando venne
in America.) Essere un amante delle donne era un modo di vivere
accettato e non menzionato? Per caso gli uomini difendevano e
continuano a difendere gli uomini e le donne difendevano e continuano a difendere le donne?

Domande esistenziali come queste richiedono molte ore di
ricerca e osservazione di un esteso lasso di tempo e non è l'obbiet-
tivo di questo lavoro. Per questo lavoro era abbastanza riconoscere
le discrepanze nelle storie delle persone e prenderle in considerazione. Ma il lettore deve essere consapevole che questa è la mia
interpretazione degli eventi. Ho messo insieme le informazioni, il
tono della voce, le diverse prospettive delle persone, e il mio stesso
punto di vista, ognuno di questi elementi ha colpito la mia interpretazione. Lo scenario, poi, può apparire diversamente ad altri.

Langness inoltre dice riguardo alle interviste "è anche importante tenere un registro dettagliato del contesto dell'intervista. Ad
esempio, stavi dicendo qualcosa in un 'momento di distrazione,'
o in un'atmosfera rilassata o formale? È stato necessario insistere
per avere l'informazione o è stato volontario? Era nel contesto di
una discussione di gruppo o da solo? Chi era presente? È utile
all'intervistatore annotare le sue impressioni." Insieme queste note

aiutano ad interpretare i dati delle interviste. Inoltre l'intervistatore deve conoscere veramente se stesso e accettare i pregiudizi. In altre parole "Quanto del suo lavoro riflette se stesso e quanto riflette la realtà oggettiva?"[3]

Gilbert Doane in *Ricerca dei tuoi antenati* contribuisce alla discussione sulle interviste dicendo che le stesse domande andrebbero fatte a diverse persone. Perché ogni persona interpreta gli eventi in maniera diversa, tu, il ricercatore, vorrai scoprire quante più informazioni possibili, consentendoti di produrre un quadro il più obiettivo possibile. Egli sottolineava l'importanza di andare oltre la tradizione orale allo scopo di portare alla luce i fatti. Oltre l'obiettività, i fatti possono influenzare la tua abilità nel collocare i documenti così come la tua identità di famiglia. Egli usa come esempio una famiglia che usava solo tradizioni orali perché c'era sangue indiano nelle loro vene. Si è scoperto poi che i loro antenati erano stati catturati e cresciuti dagli indiani, ma lui non era un indiano.

Un ultimo commento sul processo dell' intervista – trascrizione. Questo era un compito veramente noioso e chiedeva ventiquattro ore di lavoro in media per un'ora di intervista. Tuttavia era fondamentale che trascrivessi io le interviste. Sentivo cose che avevo perso durante l'intervista. Realizzavo quanto fossi stata inaccurata mentre conducevo l'intervista. In questo modo sono stata in grado di preparare più approfonditamente le mie interviste e di rifinire la mia tecnica. Quando tutte le registrazioni sono state trascritte ho avuto un'impressione collettiva dei loro contenuti e ho distinto le possibili connessioni tra di loro. Saltavo facilmente da un'intervista trascritta all'altra per mettere insieme le informazioni effettive usando la struttura contestuale ottenuta attraverso il processo di trascrizione.

Ma c'era una frustrazione che accompagnava il processo di intervista e trascrizione. Ho scoperto che ero sovraccarica di certi fatti e carente di altri. O le persone che ho intervistato non conoscevano altro rispetto a quello che hanno detto o io ho fallito a fare le giuste domande o non ho fatto abbastanza domande. Un buon esempio di ciò è Gus che racconta la morte del fratello di mio Nonno:

GUS   Inoltre un altro morì a Manchillo (?nome di
                un paese) Morì un giovane bambino. Penso
                morì nel 1900. Era a scuola, credo stessero
                giocando; credo fossero nella chiesa. Qualcosa
                è caduto fuori – era alto – dalle protezioni. E
                lui è morto.

Questo estratto viene da un'intervista registrata da un cugino di Gus nel 1982, che io ho trascritto. Non sono stata in grado di avere più informazioni da Gus, dettagli continuano a mancare. Non era raro ascoltare una registrazione e sentire il bisogno di più informazioni.

Adesso, durante le mie interviste, ho osservato le interazioni di linguaggio tra Gus e le sue due figlie, Eva e Laura, e tra la madre di Frank e il nonno. Questo ha fornito una panoramica della struttura della famiglia italo-americana che ho osservato anche in altre famiglie etniche. Ho notato che i figli e le figlie di seconda generazione interpretavano l'inglese come facevano i loro genitori di prima generazione. Alcune parole italiane, il loro significato e anche le frasi non sono facilmente traducibili in inglese. L'oratore deve quindi cambiare il suo modo di pensare dall'italiano all'inglese. La figlia di Gus è cresciuta conoscendo l'italiano ma era abituata a pensare in inglese, quindi poteva tradurre velocemente i concetti. Troverete nella mia *Lettera* estratti delle interviste trascritte che includono l'interpretazione dei membri della famiglia. Voglio far notare, comunque, che questo processo di pensiero mentale era evidente sia negli intervistati che parlavano inglese sia in quelli che parlavano italiano fluentemente, facevano ancora correzioni mentre parlavano.

Questo lavoro, come detto, prende la forma di una lettera autobiografica. Nella prima parte, ho discusso come la 'crisi' del dilemma italo-americano passò inosservata, come mi ha colpito, e come ho sperato di evitare che i miei figli passassero attraverso la stessa esperienza. Ho inoltre trattato la struttura della famiglia italiana, il ruolo che gioca ogni persona al suo interno e la psicologia dietro di loro. Mi è sembrato appropriato concentrarmi sulla famiglia, perché il mio scopo era capire la mia etnia nel contesto familiare e la mia identità di donna italo americana. All'interno di queste discussioni ci sono comparazioni delle due culture che erano particolarmente evidenti nel patrimonio combinato degli sfondi del nord Italia e della Sicilia.

Poi, nel tentativo di preservare il passato, ho trattato, nella forma di profili della personalità, sei degli antenati dei miei figli, includendo una selezione delle loro esperienze con la storia e la cultura italiana. I primi due profili sono dei miei nonni paterni Luigi (*Louis*) Alberghini e Maria (*Mary*) Govoni Alberghini. I successivi sono i genitori di Luigi, Maria Rosa (Rosina) Ranieri Alberghini e Ruffillo Alberghini, i miei bisnonni. Gli ultimi profili sono di Giuseppe Guarino e Anna Giacalone Guarino, i nonni materni di mio marito. (Guardate l'albero genealogico e la mappa d'Italia e d'America che seguono i Ringraziamenti.)

Ci sono state diverse considerazioni per la scelta dei profili di queste persone in particolare, Luigi e Maria Alberghini dal Nord Italia, e Giuseppe e Anna Guarino dalla Sicilia, erano tutte prime generazioni di immigrati. Questo ha dato una base comune alla mia ricerca. Ho scelto Maria Rosa e Ruffillo Alberghini perché ho scoperto un'abbondanza di informazioni interessanti su di loro da vecchie lettere di famiglia, documenti e interviste con parenti e amici di famiglia.

Infine, discuto le implicazioni del nostro patrimonio italiano in quanto può essere utilizzato per la creazione di un mondo migliore. Credo, data la psicologia dietro i nostri ruoli familiari, che gli italo-americani incarnino le origini di atteggiamenti femministi, che furono necessari a trasformare le ingiustizie della società. Le origini di questi atteggiamenti femministi e il ruolo delle donne come centro della *famiglia* può essere fatto risalire lontano quando la Madre Terra regnava in tutto il Mediterraneo prima del

Cristianesimo, alle Femministe del Rinascimento che hanno scritto in difesa della "dignità e capacità"[4] delle donne con una filosofia umanistica nell'era dell'umanesimo; e continua con le donne socialiste italiane di fine 1890 inizio 1900. Oggi, poi, le famiglie italiane e italo-americane si fondano su atteggiamenti umanistici che comprendono un centro femminista, i suoi ruoli e i suoi valori possono estendersi nella società in generale, contribuendo in tal modo alla creazione di una civiltà equa e giusta.

La partecipazione nella creazione di un mondo migliore avviene attraverso l'esistenza femminista di Mary Daly che vive fuori dal verbo IO SONO, come descrive in *Al di là di Dio Padre*. Il femminismo, sia femminile che maschile, partecipa attivamente a correggere le ingiustizie della società che si estende in tutto il mondo, partendo dal suo quartiere – ingiustizie che vanno dalla disparità dei diritti tra uomini e donne, ai sistemi di assistenza sociale inadeguati, al trattamento disumano degli altri, anche nei carceri, al traffico di esseri umani, sia nella società in generale, sfruttamento delle donne o il valore delle donne sul posto di lavoro, povertà, la minaccia della guerra mondiale. Anche se l'obiettivo specifico del femminismo cambia con il tempo e con il contesto sociale, l'ultimo scopo, per come la vedo io, è quello di lavorare per il bene comune di tutti. Dopotutto, non è integrandosi l'uno con l'altro – che si lavora per migliorare la condizione delle donne e creare una condizione migliore del mondo?

Il mio lavoro dal 1985, registrato in questo documento, è solo un inizio. La storia della mia famiglia e gli aspetti genealogici della mia ricerca continuano. Rimango impegnata a riportare in vita i miei antenati così come ad ampliare la mia conoscenza dell'Italia. Eppure sono convita che non si possa comprendere appieno la cultura italiana senza viverla, quindi il mio obiettivo dal 1985 era di visitare le città dei miei antenati, ed è diventato realtà all'inizio del 2014.

Vi chiederete perché riscrivere e pubblicare questo lavoro ora, trent'anni dopo? Ci sono diverse ragioni per questa pubblicazione. Prima di tutto, pubblicarlo conserva più saldamente l'eredità dei miei figli e della nostra famiglia in Italia e negli Stati Uniti.

In secondo luogo, l'interesse oggi per l'apprendimento del proprio patrimonio, indipendentemente dall'origine etnica o dalla generazione di immigrati, è maggiore rispetto a quando questo lavoro è stato studiato prima e scritto poi. La miriade di dati genealogici in rete su internet – sia gratis che a pagamento come familysearch.org, gestito dalla Chiesa di Gesù Cristo dei Santi degli Ultimi Giorni, e Ancestry.com – testimoniano questo. Anche indicativo di crescente interesse è una varietà di programmi televisivi, come ad esempio la trasmissione pubblica americana *'Genealogia Roadshow.'* Questo fenomeno ha tante spiegazioni quante persone che cercano – sia giovani che anziane e di ogni etnia – ma le ragioni sono probabilmente simili a quelle di Arvin Temkar. Temkar, un Indio Filippino di seconda generazione, che è cresciuto con un "non senso della" sua "stessa storia" e sta solo ora scoprendo la sua famiglia, cercando informazioni sulla sua famiglia. I genitori di Temkar, come molti immigrati, "erano il tipo di immigrati a testa bassa che erano concentrai sul futuro, non sul passato. Non raccontavano storie della vecchia terra."[5] Loro, come gli altri, ognuno per le sue ragioni – persecuzioni religiose, povertà, guerra, oppressione o opportunità – lasciarono la loro terra natale, negarono il loro passato, e vennero in America in cerca di un futuro migliore.

(Caro Lettore, ci sono esperienze comuni degli immigrati all'interno dei gruppi etnici. Tra queste, poi, puoi trovare storie simili alla tua. Eppure, ogni gruppo etnico e ogni storia individuale è unica e il racconto di queste storie contribuisce all'identità collettiva della nostra nazione. La mia speranza è che queste storie vengano alla luce e che questo lavoro incoraggi te a scrivere la tua storia personale.)

E, infine, la pubblicazione di questo libro affronta l'assenza di risorse disponibili e, forse, aiuta a dissipare alcuni dei malintesi etnici che ancora esistono sulla storia italiana, la cultura e le esperienze migratorie , in particolare riguardo le società del nord e quella siciliana. L'interesse per le esperienze sui flussi migratori in entrambe le direzioni, gli italiani verso la loro famiglia americana e gli americani verso i loro parenti italiani. Qui negli Stati Uniti, una trasmissione televisiva pubblica nel 2014 fece una serie di documentari 'Gli Italo Americani' e, in Italia, la pubblicazione nel 2013 di *Nulla Osta Per il Mondo l'emigrazione da Renazzo* dimostra la crescente curiosità. Il documentario PBS si propone di sfatare il mitizzazione degli italo americani e di raccontare la vera storia della loro vita in America. *Nulla Osta Per Il Mondo* è uno studio della migrazione dei residenti a Renazzo, regione Emilia Romagna, in America e nello Stato del Massachusetts.

Laura M. Alberghini Ventimiglia

Note: La nazionalità composta italo americana è scritta senza trattino a meno che non sia usato in una fonte originale.

Nella tradizione genealogica, gli uomini sono elencati o nominati prima. I nomi o le storie degli uomini appaiono spesso qui prima delle donne, in linea con la tradizione; tuttavia il flusso di questo lavoro – in parte – comincia a spostare l'attenzione nell'interesse di armonizzare la presenza delle donne con gli uomini.

Questa storia è scritta per due lettori – americani e italiani. Quando leggerete, per favore abbiate pazienza con ciò che potrebbe sembrare ripetitivo o con le conoscenze già possedute, capendo che per altri queste potrebbero essere informazioni nuove, in particolare riguardo la posizione dei paesi e delle città.

I contenuti di questo libro sono principalmente basati sulle mie ricerche, osservazioni, e le risorse disponibili per me al tempo in cui è stato inizialmente scritto nel 1985. Le storie raccontate qui appartengono ai loro proprietari – Luigi (Louis) Alberghini, mio Nonno, l'ha raccontata a sua figlia Irma e ad altri, Augusto (Gus) Govoni, Elena Cevolani Benotti, e Giuseppe Guarino. Ho provato a onorarli riraccontando le loro storie senza critiche o commenti, tranne quando ero sicura che così facendo avrei aggiunto un valore per il lettore. Per favore capiate che altre persone avranno le loro storie, e mentre recenti scoperte e ricerche hanno fornito chiarimenti di alcune discussioni o storie scritte all'inizio, le mie ricerche in corso potrebbero scoprire nuove informazioni o informazioni interpretate di recente potrebbero offrire analisi e spiegazioni diverse da quelle qui presentate. Per ora, spero che questo libro ispiri discussioni e che risvegli ricordi che portino a ulteriori conoscenze degli argomenti trattati e della mia famiglia.

Ringraziamenti

MOLTE GRAZIE alle seguenti persone che hanno partecipato al progetto iniziale di questo lavoro, che hanno contribuito ai contenuti di questo libro, o che hanno supportato la sua pubblicazione:

I membri di famiglia che sono scomparsi senza sapere dell'eredità che hanno lasciato: Louis R. Alberghini, Elena Cevolani Benotti, Doris Govoni Bianchini, Peter Ferrarini, Carolina (Carrie) Govoni Furtado, Augusto (Gus) Govoni, Laura Govoni, Giuseppe Guarino, Norma Govoni Sconsoni, Louise Tassinari, Madeline Scola Ventimiglia.

Loredana Tedesco che ha incoraggiato il mio amore per l'Italia, le cui traduzioni dei documenti della mia famiglia appaiono in questo libro, e che a sua volta se ne è andata senza sapere del suo contributo a questa eredità.

M. Irma Alberghini McGuff che ha offerto informazioni preziose, condividendo volentieri le sue conoscenze ed esperienze crescendo come la figlia più piccola di Luigi (Louis) e Maria (Mary) Govoni Alberghini e che ha fornito costante supporto e incoraggiamento.

Pauline E. Bresette Alberghini la cui amicizia con M. Irma Alberghini McGuff ha portato alla successiva generazione di Alberghini, che ha contribuito in maniera importante a questo libro, e che da sempre mi appoggia devotamente in tutti i miei sforzi.

Mary A. Guarino Ventimiglia che mi ha aperto la porta per comprendere lo stile di vita siciliano.

Frank J. Ventimiglia che incarna il valore della *famiglia* e che mi ha sempre onorata come il suo centro.

Raffaella Tassinari Ballati di Renazzo, Ferrara, Italia che ha ispirato la pubblicazione di questo libro, fornito informazioni, e che ha aperto la porta, nel 2014, alle ricerche di famiglia in Italia.

Fabio Alberghini di Dodici Morelli, Ferrara, Italia, il quale, nel 2015, mi ha reso possibile comprendere e chiarire alcune delle interpretazioni originali di questo libro, in particolare quella dell'anticlericalismo nel nord Italia e ha anche fornito informazioni riguardo le chiese di Dodici Morelli e Renazzo e la parrocchia di Renazzo.

Le persone nelle chiese, parrocchie e conventi, negli uffici di stati civili, negli uffici della Partecipanza di Pieve di Cento, negli uffici del cimitero in Italia che hanno generosamente speso tempo cercando i certificati di famiglia e hanno contribuito a farmi entrare nella vita e nella storia della mia famiglia: Don Ivo Cevenini, Suor Pellegrina, Sig.ra Claudia Tassinari, Sig.ra Arianna Folchi, Sig. Tiziano Campanini, Sig. Daniele Pinca, Sig. Oliviano Tassinari.

I lettori del manoscritto che hanno offerto vari e preziosi spunti nel suo contenuto e coloro che hanno condiviso il loro talento per creare la grafica, per modificare e preparare le foto, e hanno fornito supporto tecnico – ai quali sarò sempre grata perché senza la generosità della loro esperienza questo libro non sarebbe degno di pubblicazione:

Lettori – Lisa Bresette Alberghini, Diletta Ballati, Elsa Ekblaw Marshall, Janice DiBiase Severance, Fayette Severance, Frank J. Ventimiglia;

Grafica– Alicia Ballati che ha disegnato il logo per Buttieri Press, LLC, Kristen Ercha;

Fotografia – Wendy Juden Murrin, Kendra Lee Pino Dott;

Supporto Tecnico – Michael Lindberg;

Progetto del libro e produzione – Grace Peirce – Great Life Press.

La lettera inizia...

Cari Figli Miei,

H<small>O IMPARATO</small> ad apprezzare e comprendere la mia identità come Americana Italiana. Vi sto scrivendo per farvi apprezzare e capire la vostra etnia. In passato, una vaghezza circondava la mia provenienza. Questa vaghezza ha creato un vuoto nel mio riconoscimento come individuo, che ho cominciato a riscontrare nel corso del 1980 e che ho esplorato da allora.

Faccio parte della terza generazione di italo Americani. Eppure, la mia eredità italiana mi ha disorientata da quando ero una bambina. In silenzio, mi sono chiesta che cosa significasse essere italiana. Mi sono chiesta come ha influenzato la mia vita.

Non vi voglio ingannare però. La mia ricerca non è stata un obiettivo importante fino a poco tempo fa. In altri tempi ho lavorato per capire me stessa esaminando il mio sviluppo psicologico, la mia sessualità e il mio ruolo di donna nella società odierna e, alla mia età, prevedo una continua riflessione su me stessa. Queste sono tutte influenze che hanno un impatto sull'identità di ogni persona, plasmando le sue scelte nella vita, e creando la persona che diventa. Indipendentemente, poi, dal proprio contesto, una singola influenza non definisce chi siamo. Io mi sono, però, sempre sentita attratta dalla mia eredità italiana. Non sto ora sminuendo altre influenze sulla mia individualità e semplicemente saltando sul carro dell'etnia. Ma poiché sono sempre stata perplessa delle mie origini italiane e percepivo, in una nebbia torbida che aleggiava in fondo alla mia mente che ciò era alla base di ciò che sono, ho pensato che studiare le mie origini avrebbe forse colmato un vuoto nella comprensione di me stessa.

Per me, questo processo è istintivamente iniziato ed è stato accelerato dalla notizia della malattia di Zia Alma. La consapevolezza che lei sarebbe morta presto ha risvegliato in me la consapevolezza che molti membri della famiglia associati al mio passato erano scomparsi. Ho anche realizzato, che quando ero giovane non ho trovato il tempo per scoprire i miei nonni e la loro vita prima che venissero in questo paese: avevo troppa fretta di diventare me stessa.

Capii allora che volevo conoscere il mio legame con il passato. Volevo questo anche per voi. Così, ho cominciato una ricerca delle foto di famiglia per poterle appendere alle nostre pareti e farle diventare parte della nostra coscienza, come la fotografia della famiglia di nonno Giuseppe Guarino – madre, padre e tre fratelli.

Salvatore Guarino, padre di Giuseppe, in un pesante e piatto abito di lana a tre pezzi, cappello rotondo, sfoggia due baffi pieni, è in piedi alla destra di sua moglie, Giacoma. Anche i tre fratelli del Nonno sono in piedi: Antonio di fianco a suo padre, Giacomo e Francesco accanto a loro madre. I fratelli, che sembrano avere meno di quindici anni, stanno tenendo un sigaro tra le dita. Ma il mio sguardo è attratto dalla madre del Nonno, in piedi con una mano appoggiata sulla spalla del marito, mentre l'altra mano tiene un piccolo, consunto borsellino dalla sua catena sottile. Il suo vestito, una camicia sulla parte superiore, stretto in vita e abbottonato dalla vita in su, con colletto e polsini a contrasto è lungo e tocca a terra. I suoi capelli, raccolti in una crocchia tirano severamente il suo viso, e rivelano zigomi alti su un volto senza sorriso. Questa fotografia formale è stato scattata e mandata a Nonno in cambio di soldi che lui mandò per il viaggio in America. Posso sentire che cosa dice la foto – 'No Giuseppe, lotteremo e sopravviveremo a questa condizione di *miseria* questa è la nostra sfortunata eredità.'

O la foto di Laura e Carlo Govoni, seduti l'uno di fianco all'altro, con lo sguardo cupo. Laura indossa una gonna lunga con una camicetta di raso di seta, una spilla al collo, i capelli dolcemente raccolti e coperti da una crocchia. Carlo è vestito in giacca e cravatta, baffi pieni. I loro sei figli, nel momento in cui fu fatta la fotografia, li circondavano: quattro femmine, Maria, Norma, Carrie, Lena con il miglior vestito della Domenica – e due maschi Vincenzo e Louis, in giacca e cravatta. Nonnie[1] (Maria Govoni), in piedi leggermente dietro la madre e, sul bordo del gruppo, c'è un giovane adulto. È l'unica femmina a non indossare un grande fiocco nei capelli. Il suo viso ha perso l'innocenza infantile. Lei sembra conoscere e accettare la vita da lei aspettata; lo sguardo sulla sua faccia è pacifico e riflessivo.

Sebbene vedere queste foto a casa nostra mi aiuti a connettermi con il mio passato, mi sono resa conto che l'identificazione va oltre un volto in una cornice: è conoscere il passato che ha modellato quelle facce. E ho scoperto che non ero l'unica ad avere questa sensazione di vuoto per quanto riguarda la mia etnia.

Come ho iniziato la ricerca di storie sui nostri antenati, che includono esperienze in materia di immigrazione, ho imparato che nel 1974 questo vuoto è stato intitolato il dilemma italiano-americano dal Dr. Richard Gambino professore degli studi italo-americani al Queens College di New York. Questo dilemma è riferito all'esperienza di una "persona di terza generazione" che, al raggiungimento della maturità si sono trovate "in una situazione particolare." Anche se gli immigrati italiani appartenevano a "uno dei più grandi gruppi di minoranza nel paese" all'apice dell'onda migratoria, i membri di questa giovane, terza generazione si sentivano isolati. Non avevano "alcuna affiliazione con o affinità per altri italo-americani." Questo sentimento di isolamento è stato causato dal fatto che ciò che è stato ereditato "dalla loro origine italiana" era diventato astratto. Era diventato "così lontano da essere non solo svalutato, ma piuttosto incomprensibile per loro." Le persone sono rimaste senza radici e senza un forte senso di identità ed è stata una "crisi silenziosa di solitudine."[2]

Questa crisi, riconosciuta come uno dei maggiori problemi per la terza generazione di italo americani, è la ragione per cui vi scrivo ora. La mia identità e quella di tuo padre come terza generazione di italo americani sono diverse rispetto alle vostre come quarta generazione. I miei nonni, i tuoi bisnonni, Nonnie e Nonno, Luigi (Louis) Alberghini e Maria (Mary) Govoni Alberghini, venivano dalla regione dell'Emilia Romagna nel nord Italia mentre i nonni di tuo papà Giuseppe Guarino e Anna Giacalone Guarino, e Madeline Scola Ventimiglia e Francisco (Frank) Ventimiglia, sempre tuoi nonni, venivano dalla Sicilia. La tua etnia quindi è un misto di tutte e due le culture quella del nord Italia e quella del sud Italia. Studiando le storie dei nostri antenati, spero di affrontare questo fenomeno della terza generazione nella mia identità, e di portarvi più vicino alla comprensione delle influenze etniche collettive nella vostra identità.

Il mio scopo qui, poi, è quello di tornare indietro nel tempo alla prima generazione italo americana dei nostri nonni – coloro che emigrarono in America – e inizia esplorando la terra natale italiana e le esperienze degli immigrati senza entrare in uno studio integrale e in un analisi completa della condizione degli immigrati. Semplicemente riscoprendo il mio sfondo etnico e quello di tuo padre può aiutarci a capire meglio l'impatto dell'influenza dei nostri antenati sulle nostre identità.

La ragione di questo dilemma italo americano era indubbiamente dovuto al fatto che gli immigrati hanno dovuto respingere la loro terra natale come tecnica di sopravvivenza necessaria in un nuovo paese i cui modi si sono scontrati con i loro. Volendo il meglio per i loro figli, essi hanno sopportato volentieri il dolore di rinnegare la loro patria – le sue tradizioni e lo stile di vita – e il dolore di fronte alla nuova discriminazione degli immigrati, nel tentativo di diventare Americani. E ora, capendo le condizioni degli immigrati come faccio, il mantra del Nonno che ho sentito crescendo, ha un senso: "Siamo in America, viviamo da Americani."

Questo vuoto, questa crisi, è stata creata dall'acculturazione. L'acculturazione si riferisce al processo di impossessamento della cultura di un altro gruppo, abbandonando la cultura del proprio gruppo. Nella nostra famiglia, significava che gli italiani cambiavano la loro cultura etnica in quella americana; una cultura che derivava dai suoi antenati inglesi. I primi teorici credevano che la terza generazione, solidamente radicata nella cultura americana, avrebbe potuto quindi iniziare a reclamare ciò a cui i loro genitori avevano rinunciato – il loro patrimonio Italiano. Questa terza generazione di italo americani avrebbe potuto modellare la propria identità combinando la creatività con la ricerca e riflettendo sul significato del loro patrimonio. Avrebbero potuto imparare "a vivere non solo come una persona radicata, ma anche vivere oltre le proprie radici e plasmare la sintesi emergente dei contributi provenienti dai vari gruppi etnici."[3]

E così, la teoria del melting pot è diventata più significativa rispetto al suo intento originale. Secondo la teoria di Glazer e Moynihan (1970), "Un americano che lasciando dietro di sé tutti i suoi antichi pregiudizi e costumi, riceve quelli nuovi dal nuovo modo di vita che ha abbracciato. . . [e] gli individui di tutte le nazioni si rimescolerebbero in una nuova razza di uomini."[4] Ora, però, invece di lasciare alle spalle la propria etnicità questa potrebbe essere combinata con quella di altre culture e in tal modo si creerebbe una nuova razza di uomini e donne.

Oltre ai problemi creati dall'acculturazione, però, ho anche affrontato un altro dilemma nel cercare di capire il mio passato. La maggior parte degli Italiani che migrò in questo paese era siciliana, come la famiglia di vostro padre, e del Sud Italia. (I grafici nella parte anteriore di questo libro mostrano le informazioni statistiche e indicano che i siciliani e le persone del sud Italia erano l'80% degli immigrati italiani tra il 1899-1930, in base ai registri originali.) I siciliani e i meridionali erano considerati barbari su tutti e due i lati dell'Atlantico – nel loro Nuovo Mondo e dai loro connazionali del nord Italia. Il loro alto tasso di analfabetismo, le scarse competenze tecniche, sfoghi selvatici e il modo di comportarsi, primitivo, e i loro capelli scuri, la loro pelle scura e la corporatura robusta ha portato a questa percezione. Poiché migrati in America in gran numero e poiché erano diversi dagli altri immigrati, ci fu un maggiore impulso per capire loro e la loro cultura. Diversi studi, inoltre, sono disponibili per quanto riguarda la loro società.

Gli italiani del Nord, d'altronde, migrarono in un numero inferiore. Generalmente erano istruiti e in superficie, i loro valori e il loro modo di vivere assomigliavano a quelli degli altri stati Europei. Essi furono, quindi, accettati più facilmente. Di conseguenza, pochi studi formali esistono sulla loro cultura. Così, quando ho riconosciuto e ho voluto capire la mia etnia, non c'è stato spazio di manovra – salvo per quelle persone che hanno conosciuto l'Italia, e che hanno conosciuto anche i miei nonni e i miei bisnonni. Persone come Augusto (Gus) Govoni.

Gus e il Nonno nacquero nello stesso paese in Italia – Dodici Morelli, anche conosciuto come XII Morelli. Questo piccolo paese è nel Comune di Cento, Provincia di Ferrara, Regione Emilia Romagna. Le loro famiglie si conoscevano. Nonno e Gus erano amici d'infanzia e rimasero amici anche quando migrarono in America. Gus era un uomo incredibilmente tagliente e spiritoso all'età di 102 anni. A differenza di Nonno che parlava un inglese perfetto, Gus parlava un inglese stentato e certe volte aveva difficoltà a trovare le parole per esprimersi. In quelle occasioni, i figli interpretavano cosa volesse dire.

In Italia, i membri della famiglia di Gus erano commercianti di bestiame e avevano uno stile di vita un po' diverso rispetto a Nonno, i cui membri di famiglia erano mercanti, proprietari di immobili e proprietari terrieri. Mentre entrambe le famiglie erano finanziariamente agiate, la ricchezza della famiglia di Gus è stato persa. Quando la famiglia aveva bisogno di soldi, il padre di Gus cercava persone che avevano bestiame da vendere e persone che lo volevano comprare. Ma la ricchezza in Italia non raggiungeva in alcun modo i nostri livelli qui in America. Vi lascio spiegare la differenza dalle parole di Gus:

GUS   Ti dirò. I posti di lavoro là in Italia e questi
             sono diversi. La non c'era lavoro e qui c'è

lavoro. E se avessi avuto abbastanza soldi per tornare indietro a lavorare là sarei rimasto comunque qui. Ma lavorare in fabbrica è meglio qui. Il lavoro che avevo era carino.

LAURA   [figlia di Gus] Erano commercianti di bestiame.

GUS   Uomini d'affari. Avevi un allevamento. Volevi comprare una mucca. Gli altri volevano venderla. Era una bella vita. Ma qui bisogna alzarsi presto la mattina per andare a lavorare. E le persone in Italia erano pagate veramente poco per il loro lavoro. Qua penso prendano di più. Il mio lavoro era diverso – in fattoria. Avevamo un pezzo di terra a casa. Mio padre non mi ha mai comprato un badile per lavorare.

LAURA   Vedi, lui era il più vecchio di cinque figli e suo padre pensava che i suoi figli dovessero crescere non usando le loro mani ma usando la loro testa. Questa era la sua filosofia. Ed era lui stesso un buon capofamiglia – vendeva bestiame, un buon affare e guadagnava abbastanza soldi così da poterseli godere e lo faceva anche. Quando le vongole avevano un prezzo basso, allora uscì dal mercato e fece altri tipi di affari.

E quando le vongole valevano poco loro erano poveri. Tutto il paese era povero, magari non così povero come la vita in Sicilia dove le famiglie potevano stare dei giorni senza mangiare, ma anche loro non vivevano la vita agiata che la maggior parte degli americani sperimentava agli inizi del XX secolo. Il padre di Gus e il padre di mio nonno erano probabilmente due degli uomini più ricchi del paese. Ma non erano di una classe superiore. Dodici

Morelli non aveva una classe superiore. Gus descrive la sua povertà e la ragione:

GUS   Il nostro paese era povero, la vita era molto povera. Questa era la maniera in cui si viveva . . . una donna divenne ricca e fece testamento per lasciare a ognuno un pezzo di terra, alle persone povere. Quindi Alberghini, Govoni; Balboni, tutti questi nomi qui, avevano diritto di ottenere la terra. Quindi ogni venti anni dividevano la terra. Vedi . . . cioè cinquanta famiglie possiedono questa terra. Ognuno ha un pezzo. E dopo vent'anni te ne danno uno – vedi, tu hai un pezzo di terra e quando muori ogni figlio, ogni maschio ha un pezzo di terra. Ogni vent'anni sempre questo. Poveri ragazzi. Le famiglie diventavano sempre più grandi e la terra sempre più piccola. La chiamano Divisione – ogni vent'anni.[5]

Quindi ora hanno un pezzo molto piccolo di terra. Ma su questo piccolo pezzo di terra dovevano vivere. Avevano un po' di mais per fare la polenta, poco . . . Coltivavano il grano per fare il pane. Avevano una linea di alberi da una parte all'altra con l'uva. E gli alberi venivano tagliato per ottenere caldo in inverno. Molto poveri. Alcuni di loro avevano un maiale. Se se lo potevano permettere avevano un maiale da mangiare solo per se stessi. In seguito si doveva venderlo.

Erano abituati ad andare in inverno. Sai dove si andavano a scaldare in inverno? In alcune stalle. Alcuni avevano sette o otto mucche. Andavano lì con una panca e facevano la maglia o altri lavori del genere per stare

al caldo. La miseria. Nessun trasporto. Non
avevamo le scuole. Tiramola [anche Tiramolla
– soprannome di Dodici Morelli] aveva solo
una scuola fino al secondo grado.

Ma, prima di farmi trasportare e di raccontare le storie che ho
sentito delle nostre famiglie (questo lo farò dopo), lasciate che vi
racconti la psicologia dietro alcune credenze e comportamenti italiani. Comprendere la mentalità italiana potrà forse aiutare a capire
i nostri antenati e noi stessi.

Poiché Nonnie e Nonno venivano dal nord Italia, ho cercato
di analizzare i valori, le opinioni, e i modelli di comportamento
specifici della loro cultura. Ma volevo anche capire i valori, le
opinioni, e i modelli di comportamento del sud Italia e della
Sicilia perché vostro padre è siciliano-italiano-americano. Ho
riconosciuto le differenze nelle nostre etnie subito, all'inizio del
nostro corteggiamento. Siccome la vostra identità italo americana
comprende tutte e due queste influenze, ho anche pensato che
sarebbe stato rilevante per la consapevolezza di voi stessi.

Sfortunatamente, lo stereotipo italiano, basato soprattutto
sugli immigrati Siciliani, era e rimane distorto. Questa distorsione è stata creata in due modi: dall'interpretazione dei modi
di comportamento italiani fatta dai bianchi anglosassoni prote-
stanti (in particolar modo tramite i mass media) e dagli stessi italo
americani, che lontani dalle loro origini, non le comprendevano
loro stessi.

La famiglia italiana è uno strano insieme di sistema patriarcale e matriarcale. Siccome sto cercando di capire le mie radici
familiari, è questa la struttura che considererò. L'uomo può benissimo essere il capo della famiglia, ma la donna è il suo centro. Nel
suo ideale, lei è il centro della *famiglia*, è il "ministro degli affari
interni."[6]

Lo stereotipo della "mamma italiana" è forse l'immagine più
distorta: il suo posto è in casa e il suo valore si basa su quanto bene
si prende cura del marito e dei figli. In una certa misura questo è

tutto vero. Ma la profondità del suo valore non è riconosciuto e per gli standard degli Stati Uniti non è così importante come il marito. In realtà, lei è colei che da la vita – vita in tutti i sensi della parola. Come colei che da la vita, sia attraverso il parto, sia coltivando le relazioni, instillando i valori e preservando le tradizioni, lavorando per sostenere finanziariamente la sua famiglia o cucinando, lei è più preziosa di suo marito. Il marito e i figli riconoscono la sua posizione e la onorano per questo.

La Mamma Italiana che cucina pasta meravigliosamente deliziosa su una stufa calda è anche questa una percezione imprecisa. Lei cucina si eccellenti pasti pensando al diverso cibo tra nord, centro, sud e Sicilia, il suo significato è fondamentale per tutta l'Italia. Il cibo, sinonimo delle donne italiane, "È il simbolo della vita, di tutto ciò che è buono e nutriente. . . . esso è simbolo di vita ed è il principale mezzo di comunione per gli esseri umani, la famiglia. . . . I pasti sono la 'comunione' della famiglia, e il cibo è 'sacro' perché è il mezzo tangibile di questa comunione." Connette i figli e le figlie ai loro padri che glielo hanno fornito e alle madri che lo hanno cucinato ma che possono anche averglielo procurato. Il valore, quindi, della Mamma Italiana si trova in quello che rappresenta il cibo che prepara. È "colei che ospita la vita"[7] servita come comunione nella sua casa.

Questa mamma italiana, angelo del cibo, saluta la gente davanti alla porta. Erroneamente visto come un simbolo di ospitalità, il cibo è servito a parenti, amici e ospiti come una comunione pura. Dopo che tutti hanno condiviso un pasto in comune e sono uniti tramite questo, si può cominciare ad immergersi nella profondità della vera conversazione. La donna ha la responsabilità di preparare e di estendere a tutti questo dono della vita.[8]

Forse poiché sono le donne a dare la vita, esse capiscono meglio la sua perdita. "Le donne piangono in modo drammatico, anche istrionicamente. Piangono per tutta la famiglia. Scende su di loro per esprimere il lutto di tutto il gruppo. Esse non si limitano a piangere. Esse si arrabbiano contro la morte per il danno che ha fatto alla famiglia."[9] Quindi, quando la Nonna (la mamma di tuo padre) piange e piange davvero – singhiozzi – a veglie e funerali, quando si getta in cima alla bara sulla tomba, lo fa involontariamente, sapendo che è il suo ruolo.

Quando muore una donna, la sua morte è vista come un disastro; lei è così preziosa per la struttura della famiglia. In questa prospettiva, senza il suo centro, l'ordine della famiglia è distrutto e la famiglia rischia di dissolversi. Un nuovo centro può essere ancora creato, d'accordo con Gambino (1974), non accade facilmente, sempre ammesso che accada. La vita, quindi, come è data dalla mamma italiana non può più essere disponibile.

Credo che questo atteggiamento, in particolare attribuito a siciliani e meridionali si trovi anche nelle persone del nord. Le famiglie siciliane, tuttavia, sono molto più vocali circa le devastazioni della morte.

Nonno Guarino, seduto alla tavola nella sua cucina, una mano che copre e strofina l'altra, con rabbia ha detto più e più volte, "non è giusto. Lei [Nonna Guarino] non doveva morire per prima. La casa appartiene alla donna."

Mentre non ho mai sentito il Nonno dire questo, era ovvio che Nonnie fosse il centro della sua vita. Ricordo che poco dopo che lei morì lui si ammalò, una brutta febbre credo. Un giorno andò a casa di mia madre e mio padre; vivevano nella casa affianco. Entrò e disse "Pauline, non mi sento bene. Penso resterò qui per un po'." Non è mai veramente tornato a casa.

Le differenze nella formazione familiare influenzano la visione italiana della morte. Nel nord Italia la morte è meno spaventosa o devastante ed è accettata come una parte della vita. La struttura della famiglia estesa trovata nel nord Italia offre alternative in caso di morte, dove il sostegno per la famiglia, e per estensione il suo centro, è condiviso. In Sicilia o nel sud Italia, dove l'unità famigliare consiste solo degli immediati membri della famiglia, la sopravvivenza non è garantita. Così, come nella nostra famiglia, la risposta del Nonno alla morte di Nonnie fu sottile – sapeva che la sua famiglia si estendeva alla nostra e che ci saremmo presi cura di lui.

Lo status di centro della famiglia, è stato assegnato alle donne con un semplice atto, osservato nelle tradizioni italiane siciliana e meridionale, celebrando le nozze ed è indicativo della miscela unica patriarcale e matriarcale della cultura italiana.

> Durante la festa nuziale, lo sposo avrebbe tagliato la parte migliore del pasto nuziale e cerimoniosamente l'avrebbe servita alla sua sposa. È stato fatto un voto da parte del marito di porre le esigenze della sua famiglia sopra le sue. Dall'esterno si è erroneamente pensato che questo gesto fosse un gesto romantico fatto per sottolineare la supremazia dei bisogni della moglie. Non è così. Implicita è stata la consapevolezza che le esigenze della sposa fossero anch'esse subordinate a quelle della nuova famiglia stabilita dal matrimonio. La sposa ha ricevuto il tributo come il centro simbolico della nuova famiglia. (Richard Gambino, *Sangue del mio sangue*, seconda/2ª edizione, [Toronto: Guernica, 1974], 160)

Le donne rappresentano tutto ciò che è casa e famiglia. L'amore per la casa e l'amore per il proprio luogo di nascita è "un simbolo della continuità della famiglia," che è strettamente legato alle madri.[10] I soldati che hanno scritto a casa durante le varie guerre italiane hanno tutti scritto alle loro madri delle cose di cui sentivano la mancanza. Gli immigrati, soli in un paese straniero, spesso parlavano della mancanza delle loro madri. Gli uomini italo americani spesso avevano la reputazione di essere 'mammoni,' che è impreciso una volta capita la posizione della madre. Per gli immigrati, la mamma rappresentava la famiglia e la loro terra d'origine.

Ora, tre o quattro generazioni dopo, siamo ancora più lontani dalla società da cui hanno origine i nostri valori. Sperimentiamo conflitti a causa delle distorsioni create dallo scontro di mondi diversi. Queste incomprensioni influenzano marito e moglie e i rapporti all'interno della famiglia. Inoltre, nella nostra società americana prevalentemente maschile, queste incomprensioni spesso portano ad una cattiva interpretazione della posizione della donna come centro della *famiglia*. La sua posizione non è valutata né lei è onorata per ciò che dà alla sua famiglia – il lavoro dentro e fuori casa, il supporto nella crescita, unendo tutto attraverso la comunione del cibo. Tale svalutazione sminuisce ogni membro della famiglia.

In aggiunta alla sua famiglia, la funzione della donna italo americana come centro della *famiglia* si estende ad essere "il centro della vita di tutto il gruppo etnico."[11] Esempi della posizione centrale – *il centro* – di una donna italiana o italo americana nel suo gruppo etnico includono, secondo Gambino (1974) l'istrionico lutto ai funerali e la preparazione e la distribuzione del cibo come comunione dei *paesani* (donne e uomini provenienti dalla stessa zona). Le urla del suo lutto eccessivo ai funerali sono da parte della moltitudine – i bambini che non capiscono ancora le devastazioni della morte, gli uomini che piangono nella *pazienza* del loro ruolo, e si, anche le donne che – per qualsiasi ragione – potrebbero non essere in grado di piangere o apertamente lamentare la perdita di vite umane. Servendo il cibo come una comunione – l'ospite della vita – lei sta unendo tutti – la famiglia, la famiglia allargata, i paesani – l'uno all'altro.

Credo che il suo ruolo sia più profondo di questo; la donna non è solo il centro, è *il cuore* dell'intero gruppo etnico. Si estende alle moltitudini la stessa passione che dà alla propria famiglia. E quando è fuori dall'immediato gruppo etnico diventa la rappresentante italo americana o italiana, dove a nome di tutto il gruppo esercita la stessa passione di nutrimento per tutti, a prescindere che siano di un'altra etnia, convinzione o abbiano altri valori. E, gli altri si aspettano questo da lei, che dia il suo patrimonio italiano. Andiamo avanti veloce, per esempio, al posto di lavoro di oggi. Lei ascolta, lei sostiene e ha sostenuto, ha mentori, lavora collaborativamente con la preoccupazione per le persone colpite da qualsiasi decisione o azione. Lei si vede nel rapporto con gli altri e, anche in questo gruppo, unisce le persone attraverso la comunione del cibo servito durante le riunioni, gli eventi o le attività. Anche se forse non ha preparato il cibo secondo la tradizione dei suoi antenati, lei organizza per servirlo sapendo che porterà le persone nelle profondità della vera conversazione e le unirà per lavorare per il bene comune di tutti.

Attraverso l'esame di me stessa, sono diventata molto consapevole dei punti di forza delle donne che in passato erano considerati debolezze e delle capacità di questi punti di forza. La nostra vulnerabilità, i nostri sentimenti di impotenza, possono mostrare l'importanza che diamo a fare un lavoro giusto. La nostra preoccupazione di fare un lavoro correttamente si riflette nella nostra volontà di lavorare insieme. Le nostre emozioni e la capacità di nutrire mostrano che ci preoccupiamo per le altre persone e le relazioni. La nostra creatività combinata con la volontà di cooperare e la capacità di nutrire mostra che possiamo lavorare insieme per il bene comune. Veniamo da esperienze diverse rispetto agli uomini. Questa non è una critica agli uomini, piuttosto un'accettazione delle nostre differenze. Siamo ugualmente utili a contribuire come membri della società.

Il femminismo, l'ideologia dietro il movimento di liberazione delle donne in tutto il mondo, sostiene che le donne sono oppresse, che esiste uno squilibrio di potere tra uomini e donne, e la responsabilizzazione delle donne è fondamentale come è fondamentale stabilire l'uguaglianza tra i sessi. La definizione del femminismo cambia con "epoca e contesto culturale." Si trasforma attraverso il tempo e le prospettive. Non è, quindi, "monologica."[12] Ci sono anche diverse sfumature nell'ideologia femminista degli Stati Uniti e in quella d'Italia. Per quanto mi riguarda, preferisco quella che considero la posizione di benessere globale delle femministe italiane notata da Lucia Chiavola Birnbaum in *liberazione della donna: il femminismo in Italia.*

> . . . Il femminismo – la presa di potere delle donne – connota una lotta che coinvolge la cultura, la classe e il genere . . . [È un'] auto-determinazione contro l'oppressione e lo sfruttamento di un popolo su un altro, un sesso piuttosto che un altro. [È] modellata da una dialettica

multipolare: di genere così come di classe, d'ecologia così come d'economia, la minaccia nucleare per il pianeta, e la differenza globale tra nazioni ricche. . . e nazioni povere. ([Middleton, CT: Wesleyan University Press, 1986], xx)

Questa *Lettera* non vuole essere un trattato sul femminismo, ma è difficile ignorare il nesso intrecciato tra la posizione d'onore delle donne italiane, il femminismo, e la condizione servile delle donne americane. Il "movimento di liberazione delle donne," negli Stati Uniti e nella mia generazione, "si oppone con forza ai modelli storici in cui le donne potevano trovare se stesse e realizzarsi solo in termini delle loro relazioni con gli uomini" e la famiglia. Per la donna italo americana con la pressione esercitata su di lei come il 'centro' della famiglia, il movimento di liberazione delle donne ha un impatto molto maggiore di parità di retribuzione a parità di lavoro. Le donne italo-americane e italiane hanno sempre lavorato. Facendo magari lavori di basso profilo poco pagati più che lavori di prestigio, pur di guadagnare qualsiasi somma di denaro per la loro famiglia, altrimenti il loro lavoro era stare in casa. Inoltre le "preoccupazioni pressanti" per le donne italo-americane, "sono la loro formazione e l'instaurazione di nuove relazioni con i loro genitori, mariti, e figli"[13] ed essere riconosciute, onorate, come il centro simbolico della famiglia.

Purtroppo, non ci sono molti esempi universali da seguire per le donne che vogliono uscire dallo stereotipo. Le donne sono state dipinte come non pensanti, incapaci, oggetti non produttivi il cui scopo è quello di soddisfare le esigenze degli uomini. Anche se gli ultimi trent'anni si sono visti miglioramenti nel riconoscimento del valore delle donne e del loro contributo alla società sia sul posto di lavoro, dal governo, nelle comunità locali e nelle famiglie, c'è ancora molto da fare. Una possibile soluzione per uscire dal modello stereotipato; è che le donne scrivano le loro storie.[14] Mi riferisco ad un libro di Carol Christ, *Immergersi profondamente e risalire in superficie*, nel quale dice:

Le storie delle donne non sono state raccontate. E senza

storie non c'è varietà di esperienze. Senza storie una donna si perde quando deve prendere le decisioni più importanti della sua vita. Non impara a valorizzare le sue battaglie, a celebrare i suoi punti di forza, a comprendere il suo dolore. Senza storie non può capire se stessa. ([Boston: Beacon Press, 1980],1)

Poiché attraverso le mie ricerche, le persone parlavano prima e principalmente di mio Nonno o degli altri uomini di famiglia e di quello che hanno fatto per la famiglia e per la società, mi sono trovata a chiedermi più e più volte – e per quanto riguarda la donna italiana? Ho notato un silenzio che circonda Nonnie. Mi sono chiesta, come era Nonnie? Ho scoperto la forte presenza di Maria Rosa, la madre di Nonno, e mi chiedevo come lei avesse segnato la sua famiglia Ho sentito parlare della madre del nonno Guarino, Giacoma, e ho intravisto il sostegno che ha fornito alla sua famiglia. Tuttavia, l'influenza della prima generazione di donne italo americane – Nonnie e la nonna Guarino – è stata oscurata dall'immagine stereotipata della mamma italiana.

A questo punto ero venuta anche a conoscenza della Organizzazione Nazionale delle Donne Italo Americane.[15] Mi sono resa conto che se è stata stabilita un'organizzazione a sostegno delle donne di origine italiana, allora il significato della nostra etnia era importante per gli altri come lo era per me. Non potevo più ignorare questo aspetto del mio essere. Figlia amata, chiedo anche a te, di prestare particolare attenzione al nostro essere donna e alla nostra etnia. Guarda le storie delle tue antenate femminili, non solo come esempio di stereotipi sorpassati, ma per i punti di forza che caratterizzano coloro che rompono i modelli. Chiedo lo stesso a voi, figli miei, di considerare queste donne e i loro punti di forza quando vi impegnate nelle relazioni e partecipate in società.

Per quanto mi ricordo Nonnie, lei era tranquilla e silenziosamente determinata. Era felice, piacevole e preoccupata per gli altri. Faceva quello che doveva fare senza lamentarsi. La sicurezza di sé garantiva che le cose si facessero a modo suo senza nemmeno una parola dura o la voce alta. I suoi capelli molto lunghi, raccolti in una crocchia sulla nuca, mostravano un volto determinato. Il movimento delle sue mani trasmetteva le sue intenzioni.

Il lavoro di Nonnie fuori casa iniziò dopo la seconda guerra mondiale e quando i suoi figli erano ormai cresciuti. Ha iniziato ad insegnare formazione degli adulti nella città in cui vivevano – Burlington, Massachusetts. Mentre era competente nelle sue materie – cucire e confezione di abiti su misura – lei non era un'insegnante qualificata. La città l'ha mandata ad una scuola statale e qui fece un corso intensivo riguardo al processo di apprendimento degli adulti. Ha insegnato nei corsi serali per adulti per tre o quattro anni. Periodicamente, faceva supplenze nelle scuole superiori. Inoltre, faceva lavori di sartoria a casa, ma di rado, poiché era impegnata a fare la maggior parte dei vestiti che indossavamo io e le mie sorelle. Tuttavia, utilizzava il suo talento di cucito per le organizzazioni senza scopo di lucro, come il 4-H Club e i mercatini della chiesa.

Maria Rosa Ranieri, la mamma del Nonno, è un buon esempio della donna della classe media del nord Italia. All'età di sedici anni, secondo la Zia Irma, andò con il fratello Luigi a Dodici Morelli. Suo padre, Domenico Ranieri, possedeva un negozio di alimentari a Renazzo, a poco più di tre chilometri di distanza. Voleva che Luigi e Maria Rosa ne aprissero un altro a Dodici Morelli. Mentre era a Dodici Morelli incontrò un uomo del posto, Ruffillo Alberghini. Quando lei aveva diciannove anni fuggirono perché il padre di lei voleva che non avesse niente a che fare con Ruffillo. Col tempo, il negozio deve essere diventato loro e Ruffillo ha iniziato a costruire un impero.

Ma fu Maria Rosa che in realtà controllava e gestiva il negozio di alimentari e più tardi aggiunse un ristorante. Mentre lavorava nel negozio e nel ristorante, altre donne si occupavano di pulire la sua casa ed di educare i suoi figli.

Nel nord Italia, le donne avevano occupazioni più professionali che in Sicilia, come risultato della rivoluzione industriale e delle influenze europee. La posizione della donna rimase centrale nella *famiglia*, ma c'erano più opportunità e sostegno per lavorare fuori casa.

Infatti, la Sig.ra Loredana Tedesco, un'italiana del nord e centro Italia, che venne per la prima volta negli Stati Uniti dopo la seconda guerra mondiale, è rimasta sorpresa quando ha trovato gli Stati Uniti così indietro nel trattamento delle donne nel mondo del lavoro. Avevo lavorato con la signora Tedesco per i suoi servizi di traduzione. Lei passava in rassegna con me e traduceva oralmente diverse vecchie lettere di famiglia provenienti dall'Italia. Lei mi ha fornito anche traduzioni scritte di altre lettere di famiglia. Durante le nostre conversazioni, ha messo queste conversazioni tradotte, oltre a ciò che avevo imparato, in un contesto italiano, sia politicamente che culturalmente. In sostanza, ha completato i miei risultati. In una delle nostre conversazioni su una lettere che stava traducendo riguardo il lavoro della mia bisnonna, Maria Rosa Ranieri, ha parlato a lungo delle donne sul posto di lavoro e in casa. Mi spiegò che le fabbriche nel centro e nord Italia fornivano l'asilo nido per i bambini. Le madri erano in grado di accudire, nutrire, o curare i loro figli come se fossero a casa. Bambini in età prescolare andavano all'asilo nido in centri vicino a casa. Le famiglie della classe media avevano tate, tutori e governanti ma le madri continuavano a fornire le cure e il nutrimento per i loro figli.

La povertà della Sicilia, tuttavia, colpì il mercato del lavoro, che a sua volta influenzò il sistema familiare. Le donne, come gli uomini, usavano qualsiasi mezzo pur di guadagnare pochi centesimi o di tenerli da parte. Le donne siciliane, come quelle del nord, facevano il loro pane, le tagliatelle, i vestiti per i bambini, perfino le scarpe, e in questo modo lavoravano a casa. Ma se la famiglia aveva bisogno di lavorare fuori casa, le donne siciliane facevano anche quello. Eppure, le opportunità di lavoro e di guadagnare un salario fuori casa erano limitate in Sicilia a causa dell' economia contadina e della sua estrema povertà. La tua bisnonna, Giacoma Giglio Guarino, vivendo a Marsala, una città sulla costa occidentale della Sicilia, ha fatto proprio questo, come ha spiegato il figlio:

GRANDPA Mia madre? Non perché era mia madre, ma era una bella donna e molto sensibile.

Mio padre è andato in prigione nel 1903. E noi non avevamo niente. Nessuno ti dà niente e se si ha, si mangia, se non si ha, non si mangia. Mia madre non aveva soldi. Quello che faceva era andare dai vicini. Se volevano le davano una mezza dozzina o una dozzina di uova *sulla fiducia*. Vivevamo fuori dalla città. Lei andava in città e le vendeva. Pagava le persone che le davano le uova e viveva del piccolo guadagno.

Quando sono cresciuto, avevo circa dieci o dodici anni, guadagnavo alcuni soldi extra [soldi extra mentre lavoravo all'allevamento]. Raccoglievo i funghi. C'era un uomo che veniva dalla città, sai cosa intendo, e lui li comprava. Naturalmente, noi non ne capivamo niente, ma quando avevamo un chilogrammo o un chilogrammo e mezzo di funghi lui ci dava tre o quattro centesimi e poi andava in città e faceva il prezzo. Avevo pochi soldi alla volta e li mandavo a mia madre. Perché ogni settimana eravamo abituati a dare la biancheria intima, i vestiti che avevamo, quelli sporchi, e a metterli in una borsa. L'uomo lavorava in città. Lui portava la borsa in città.

Mia madre lo raggiungeva lì [in città per incontrare l'uomo] e li prendeva [i soldi per i funghi e la borsa con le cose sporche]. Portava quelli puliti e prendeva quelli sporchi. E mia madre, mentre di giorno vendeva le uova, la sera la passava a lavare e asciugare i vestiti.

> Nel momento in cui avevano bisogno di una toppa l'avevano, cuciva i bottoni, e tutto il resto.

Il ruolo di una donna nella famiglia era cruciale, proprio come la famiglia stessa è stata fondamentale in quanto unico sistema affidabile nel corso della storia tempestosa d'Italia. Dai tempi dell'impero romano fino all'unificazione del 1861, i piccoli paesi-città d'Italia vennero costantemente invasi, l'uno dall'altro, dalle famiglie dominanti, o dai paesi circostanti. I membri della famiglia, di conseguenza, erano gli unici ad essere affidabili. *La famiglia* era inoltre la base per determinare i valori chiave e sul cui conto sono state fatte le decisioni. Di conseguenza, la conservazione della famiglia era la priorità.

Anche il ruolo del padre italiano era cruciale, poiché i padri mantenevano le famiglie. Ma essi provvedevano solamente senza interferire con i compiti familiari della donna piuttosto onorandola e venerandola per il suo ruolo. I padri, inoltre, erano pazienti nel loro amore profondo e di lunga durata nei confronti dei figli. In effetti, la pazienza con cui il padre gestiva la posizione di priorità dei loro figli con la posizione centrale d'onore della moglie è spesso passata inosservata, o per lo meno, non le è stato dato il dovuto riconoscimento in questo paese.

Infatti *la pazienza* è l'essenza di ciò che rende un uomo veramente un padre e un padre veramente un uomo; è "l'ideale di virilità." Eppure questa pazienza non è proprio la stessa cosa che intendiamo noi in America. Invece, deriva dal valore fondamentale d'onore – onore per *la famiglia* – e il suo scopo è quello di custodire e proteggere la famiglia contro le catastrofi. Non è né una pazienza fatalista del giorno del giudizio, né un'accettazione stoica delle cose come sono, né è la pazienza di un padre dolce nei suoi rapporti con la moglie e i figli. Piuttosto, come Gambino (1974) sottolinea, *la pazienza* è un'attenta coltivazione delle proprie capacità, delle competenze, e di auto-controllo con il riconoscimento delle "forze della vita" per essere pronti per "l'azione appassionata decisiva" quando necessario in un dato momento. *La pazienza* è considerata "il modo virile della vita. . . perché è risaputo che le condizioni di vita [in Italia] sono impetuose, il comportamento mal controllato significa disastro" per la famiglia.[16] È, quindi, una pazienza strategica.

La *pazienza* dell'uomo ideale è sottile in confronto a quella del ruolo della donna ideale come centro della *famiglia* e dell'intero gruppo etnico. Egli è stato educato a stare in silenzio, a non fidarsi, e ad avere "un atteggiamento serio verso la vita."[17] In questa serietà, impara dagli altri, studiando i loro comportamenti, i loro successi, i loro errori, in modo da capire ciò che funziona nella vita e poi di fare ciò che funziona. Forse l'esempio più evidente di pazienza è lavorare a lungo e duramente, risparmiare denaro, al fine di acquistare la propria casa e la terra o iniziare un'attività in proprio, tutto con lo scopo di mantenere la famiglia.

Nell'esperienza di Nonno lui ha lavorato a lungo e duramente per tutti e tre questi motivi – casa, terra e la sua attività – c'e un esempio per dimostrare la sua determinazione e pazienza. Alla fine del 1930, Nonno si divideva tra i posti di lavoro, come diremmo oggi. Uomo d'affari e co-proprietario di diverse società nel corso degli anni, stava cercando di aprire ancora un altro affare – il Caffé Venezia – a Somerville in Massachusetts. Questo richiedeva tempo – più di sei mesi o più – acquisire le licenze, i permessi, e così via. In questo periodo provvedeva alla sua famiglia lavorando per la loro città natale Burlington; Massachusetts, mantenendo i parchi sicuri e puliti, e forse lavorando su altri progetti di opere pubbliche. In altre parole, facendo lavori non qualificati che ricevevano bassi salari, anche inclusi i benefici, come la farina e il burro gratuito. Nello stesso periodo il suo lavoro per la città era simile al WPA (Works Progress Administration) del programma New Deal istituito da Franklin D. Roosevelt volto a portare il Paese fuori dalla Grande Depressione. Anche se Nonno ha avuto posti di lavoro noiosi per sostenere la sua famiglia in caso di necessità, la maggior parte del suo lavoro è stata nel mondo degli affari che ha complicato le condizioni finanziarie già precarie. È interessante notare che questo era in contrasto con il tipico immigrato italiano e con la prima generazione italo americana, la quale, come sottolinea Gambino (1974) spesso faceva lavori manuali che fornivano sicurezza ed evitavano situazioni che erano finanziariamente rischiose, una mentalità radicata nella convinzione che "entrate a bassa crescita graduale" erano più sicure.[18]

Ora, tornando indietro alla *pazienza* del papà italiano ideale. Credo che la chiave per comprendere questa pazienza, soprattutto al Nord, sia controllare le emozioni. Ho visto la prova di questo in mio padre, Nonnie e Nonno, e vedo delle tracce in me stessa. Genitori e bambini non espongono apertamente e discutono i loro sentimenti tra di loro o con i loro coetanei. Ciò non significa che non ci siano sfoghi emotivi. Ci sono! Eppure, in quelle esplosioni o nella tranquillità della conversazione, la profondità dei veri sentimenti di uno non sono discussi. Un esempio semplificato di questa interiorizzazione dei sentimenti può essere visto nelle seguenti dichiarazioni del conte Sforza nel suo libro, "l'Italia e gli italiani."

> Migliaia di anni di vita in comune. . . hanno insegnato a ogni italiano l'arte di rimanere da solo in mezzo ad una folla rumorosa (Tradotto da Edward Hutton. [New York: E. P. Dutton & amp; Company, Inc., 1949], 67)

Queste emozioni controllate, tuttavia, hanno le loro radici in sentimenti di diffidenza, i sentimenti creati dalla vasta storia di invasioni d'Italia. La descrizione di Luigi Barzini delle emozioni controllate nel suo libro, "Gli Italiani," è ricca di significato e salta fuori dalla pagina. Ho trovato questo passaggio di particolare valore, e così lo ripeto per voi qui:

> . . . [Gli Italiani] hanno imparato da tempo a guardarsi in privato del proprio spettacolo e di essere realisti dagli occhi sobri e chiari in tutte le circostanze . . . Si comportano con circospezione, cautela, e anche cinismo. Sono increduli: non vogliono essere ingannati dalle apparenze

seducenti e dalle parole dolci. Non possono permettersi di lasciarsi trasportare dalle emozioni. Le tengono sotto controllo. Questo non vuol dire che sono persone fredde. Quando è sicuro farlo, godono di emozioni autentiche e sfrenate così come chiunque. Ma sanno che la libera espressione delle emozioni genuine è un lusso per i privilegiati, spesso un lusso pericoloso e che costa caro. Solo i santi, gli eroi, i poeti, gli uomini pazzi, e i poveri che non hanno niente da perdere, possono permettersi di cedere il passo alle loro emozioni. La gente comune deve di solito scegliere tra l'espressione sfrenata di emozioni contraffatte e l'espressione controllata di quelle vere. ([New York: Simon & Schuster, 1996], 165)

Mentre la diffidenza di chiunque al di fuori della famiglia è comune a tutti gli italiani, questo varia a seconda della definizione di famiglia. La famiglia dell'Italia del nord include i parenti lontani, mentre la famiglia siciliana è limitata solo ai membri stretti. La diffidenza, tuttavia, esiste anche all'interno della famiglia. L'espressione subliminale dei sentimenti interiorizzati, emozioni di cui non si parla apertamente, che è più evidente in chi vive al nord, rende errata l'interpretazione di quei sentimenti comprensibili. La distorsione delle convinzioni, dei comportamenti, e dei valori all'interno della famiglia è in grado di creare un sentimento di diffidenza. I conflitti sorgono tra i singoli membri, inclusi i membri lontani, minando il valore originale e primario della famiglia. La prova della sfiducia è diversa tra le persone del nord, tra le quali domina freddezza e segretezza, e le persone siciliane, che discutono e mostrano più apertamente i loro sentimenti.

"L'ordine della famiglia"[19] definisce il ruolo di ogni persona all'interno della famiglia, tale definizione specifica era più particolare in Sicilia, dove storicamente la famiglia ha affrontato i peggiori avversari.

Le figlie dovevano sposarsi, e quindi avrebbero dovuto iniziare a imparare i modi di essere donna fin da sette anni. I ragazzi dovevano lavorare per guadagnare i soldi per la dote delle sorelle. Dovevano anche vendicare qualsiasi danno alla famiglia o ad un suo membro, incluso l'onore delle sorelle. Tuttavia, la protezione dei membri femminili della famiglia non era a causa di possessi di valore, come è stata interpretata dai media degli Stati Uniti. Piuttosto, era parte dell'onore d'accordo con la posizione della donna all'interno della famiglia – madri, e donne che sarebbero diventate madri.

In queste tre aree di Italia, *la famiglia* prende lentamente diverse forme e contorni. Per la mia famiglia nel nord Italia (le caratteristiche del centro Italia sono praticamente uguali a quelle del nord) la famiglia, come sopra menzionata, include tutti e ogni parente. Se un membro della famiglia ha bisogno, un altro membro provvede. Un esempio di ciò può essere il Nonno che ha provveduto alla famiglia dello Zio Eddie (primo cugino del Nonno) a Dodici Morelli. La madre dello Zio Eddie era la sorella di Ruffillo Alberghini. "Suo marito era un po' ribelle e non li manteneva."[20] Non erano in grado di gestirsi finanziariamente da soli, così i genitori di Nonno hanno dato loro una casa a schiera, che era uno degli edifici di loro proprietà, e in alcune occasioni, Maria Rosa gli mandava del cibo.

La famiglia estesa del nord Italia ha anche influenzato le loro attività. I settentrionali, "O perché hanno imparato in famiglia a sottomettersi alla disciplina di un gruppo o per altri motivi. . . sono in grado di lavorare insieme." Le associazioni organizzate e le "imprese cooperative" dimostrano questa capacità e l'atteggiamento verso la vita di gruppo. I padri di solito "organizzano la forza lavoro della famiglia e sorvegliano tutti i suoi affari," ma ogni membro della famiglia "ha la responsabilità di una parte della società mista."[21]

La famiglia nel sud Italia e in Sicilia era una piccola unità che consisteva solo dei membri immediati. Una volta che un uomo e una donna si sposavano erano da soli. Nel sud Italia, dove le persone erano più povere che in Sicilia, la famiglia consisteva di un padre, una madre, e solitamente solo due figli. Se entrambi i genitori morivano mentre i bambini erano giovani, il futuro come orfani era inevitabile. Avrebbero dovuto fare affidamento solo sui loro talenti per la sopravvivenza. Di solito, questo significava che diventavano mendicanti e prostitute. In Sicilia, dove l'economia era povera, ma non così cattiva come nel sud Italia, i familiari aiutavano in caso di disastro, ma solo nei momenti di problemi gravi. In tale povertà, la salvaguardia della propria famiglia è diventata ancora più importante. I fratelli avrebbero combattuto i loro fratelli per il bene della propria famiglia.[22]

Paradossalmente, in superficie, non si sa per quale motivo, tale struttura familiare si inverte negli Stati Uniti. I Siciliani vivono in famiglie allargate e formano comunità siciliane; i settentrionali, che hanno iniziato a vivere in piccole comunità, escono in periferia separandosi dai loro parenti. I valori originali, tuttavia, hanno seguito la prima generazione di italo americani emigrati in America. *La famiglia* è centrale per la vita italo americana. Le madri sono onorate; i padri sono provvisti di pazienza. La fiducia è comunque tenue e la diffidenza esiste ancora verso gli estranei e all'interno delle famiglie. I fratelli siciliani avrebbero comunque continuato a battersi con i loro fratelli per la propria famiglia; la famiglia estesa del nord continuava a prendersi cura l'uno dell'altro.[23]

Mi piacerebbe fare un ultimo commento che distingue i settentrionali dai siciliani, riguarda l'istruzione. Ho chiesto a Nonno Guarino se pensava ci fossero differenze tra gli italiani del nord e i siciliani per quanto riguarda il modo di vivere e le credenze. La sua risposta immediata fu:

> Si, la differenza è la maggiore, sono più educati di quelli del sud. Nel nord Italia. Avevano un po' più formazione ai miei tempi.
>
> Circa settantadue-ottanta anni fa [all'inizio del 1900] . . . laggiù andavano a scuola, alcuni della classe media e la gente ricca. La gente povera, prima che iniziasse a camminare la mandavano a lavorare la terra o

cose del genere. Perché non avevano nemmeno due centesimi per comprargli carta e penna per mandarli a scuola. Laggiù dovevi comprare tu, il governo non ti dava mai niente.

Durante l'età scolastica dei vostri bisnonni, 1885-1905, il governo non pagava per l'istruzione in tutta Italia. Ci sono stati sforzi, secondo Denis Mack Smith in *Italia: una storia moderna*, per fornire istruzione gratuita obbligatoria per i bambini dai sei ai nove anni. Tuttavia questi sforzi sono stati scarsamente applicati, in primo luogo perché le spese di una formazione supportata dal governo pesavano sulle città locali. Dove esistevano le scuole del governo, le famiglie dovevano essere in grado di permettersi un'istruzione. Avrebbero dovuto pagare per tutte le forniture scolastiche, i loro figli avrebbero dovuto avere la possibilità di andare a scuola e non avrebbero dovuto avere bisogno di andare a lavorare per mantenere la famiglia, e avrebbero dovuto assicurarsi il trasporto – camminando o con altri mezzi – per andare a scuola quando non erano nella stessa città. Nei villaggi poveri, specialmente nel sud e in Sicilia, le persone non volevano le scuole, spesso per il costo a loro individualmente, ma anche per il costo al villaggio, specialmente per costruire le scuole, assumere gli insegnanti, attrarre gli studenti, ciò andava oltre le loro capacità collettive.

Al nord, una regione economicamente più ricca e industrializzata della Sicilia o del sud, le persone ricche mostravano il loro status attraverso l'educazione dei loro figli, ma anche capendo che l'istruzione era necessaria per partecipare alla società del loro tempo. La famiglia del Nonno era composta di mercanti, costruttori e proprietari terrieri. Sappiamo che lui i suoi fratelli e le sue sorelle, frequentavano una scuola e poi furono educati a casa da insegnanti privati. (Vedi il profilo di Luigi (Louis) Alberghini) E, prima di lui, sua madre, Maria Rosa Ranieri, aveva avuto una formazione, come dimostrato dalle numerose lettere, conservate da Nonno.

In Sicilia, dove la povertà era prevalente, le scuole erano

meno disponibili rispetto al nord, e le famiglie erano concentrate a prendersi cura dei loro bisogni primari, come un riparo e del cibo; in altre parole, a sopravvivere. A causa della loro povertà e della mancanza di scuole statali completamente supportate per tutti salvo che per i benestanti, i meridionali e i siciliani credevano che l'educazione fosse per "la gente della classe medio alta," come descritto da Gloria Speranza Stephen Puleo in *Gli italiani di Boston*.[24] Nonno Guarino, la cui famiglia era contadina, iniziò a lavorare per sostenere la sua famiglia prima che avesse nove anni ed ebbe una prima formazione solo quando venne in America. (Vedi il profilo di Giuseppe Guarino) Era naturale quindi dare più valore al denaro piuttosto che alla formazione, perché avere denaro assicurava la loro sopravvivenza. Avere una formazione era più che un lusso; era un sogno impossibile.

A questo punto della storia, i riformatori, le persone che hanno sostenuto un'istruzione gratuita e obbligatoria in tutta Italia, credevano che l'educazione avrebbe prodotto una popolazione alfabetizzata, che a sua volta avrebbe portato alla prosperità, all'occupazione, e ancora più importante, ad un governo equo e giusto attraverso i suoi elettori istruiti. Aumentare il sostegno del governo per ulteriori opportunità di istruzione elementare, tuttavia, si basava su una valutazione delle scuole esistenti e fornendo aiuti a quelle aree. Questa valutazione non si basava sulla necessità di nuove scuole dove non esistevano. Così, l'istruzione è stata rafforzata nel nord. In questo, dunque, si è continuato a lasciare il sud e la Sicilia in uno svantaggio educativo e si è accentuato il loro scetticismo per l'istruzione sostenuta dal governo.

Questa disuguaglianza in materia di istruzione è stata una grande causa di attrito tra nord e sud. L'impatto di questa disuguaglianza è stata vista nell'atteggiamento delle persone del nord, descritta dal Nonno Guarino come:

> . . la differenza è l'essere, come dico io, pensano di essere
> Dio Onnipotente, capisci cosa intendo? Inoltre il Mezzo-
> giorno d'Italia, le persone del sud Italia, capiscono poco,

una cosa del genere. Nessuno è come loro del nord.

L'impatto di questa disuguaglianza educativa e il conseguente attrito era apprezzabile anche negli atteggiamenti di quegli italiani che emigrarono in America. Gli atteggiamenti che portarono con loro hanno predisposto il sistema educativo degli Stati Uniti a pregiudizi discriminatori, soprattutto nei confronti dei meridionali e dei siciliani. Speranza nota che i contadini immigrati dal sud e dalla Sicilia hanno portato con sé la loro "diffidenza" per le scuole pubbliche. Credevano che l'educazione fosse un lusso e la loro valutazione del denaro come necessario per garantire la loro sopravvivenza ha ulteriormente contribuito al loro atteggiamento poco entusiasta verso l'istruzione. Nel nuovo mondo, questi valori sono stati fraintesi e i siciliani hanno ricevuto poco sostegno o incoraggiamento per il perseguimento di una formazione nelle scuole americane. Gli italiani del nord, la cui "reverenza allo studio dal libro"[25] era stata rafforzato dal governo italiano, hanno portato questo valore dell'istruzione con loro nella loro nuova casa. Nonostante questo, tuttavia, le persone del nord sono state spesso identificate con gli italiani della Sicilia quindi anche i pregiudizi. Ricordo mio padre parlare di come si sentiva discriminato dai suoi insegnanti, soprattutto alle scuole elementari. Come ha descritto, i suoi insegnanti credevano che essendo italiano fosse incapace. L'impatto su di lui è stato profondo e questa è stata l'unica discriminazione che ha mai menzionato nella sua vita da italo americano.

Ironia della sorte, l'emigrazione divenne il grande motivatore in Italia per ricevere un'istruzione, piuttosto che lavorare per avere un governo equo e giusto. La paura dell'emigrante, in particolare nel sud e in Sicilia, era che gli sarebbe stato negato l'accesso ad altri paesi se fosse stato analfabeta, siccome le leggi sull'immigrazione cominciavano a richiedere test di alfabetizzazione per l'ingresso. Ha anche visto connazionali tornati dall'America con una formazione, mentre prima non l'avevano. Inoltre, lui e la sua famiglia avevano bisogno di comunicare con gli altri, che significa essere in grado di scrivere lettere e capirle. L'importanza della famiglia, poi, ha portato a valorizzare l'educazione. Eppure, sarebbero occorsi molti, molti anni prima che l'istruzione fosse sistematizzata e disponibile all'interno dell'Italia unita, e ancora più anni prima che la formazione in America abbracciasse pienamente tutti gli studenti di origine italiana.

Questa *Lettera* è quindi solo un'introduzione alla vostra eredità italiana. Non una discussione completa delle influenze etniche italiane sulle convinzioni, sui comportamenti e sui valori italo americani. Nella migliore delle ipotesi, vi mostrerà solo possibilità in ogni caso, perché ci sono molte altre influenze sulle nostre vite. Né è questo un confronto completo tra i settentrionali e i siciliani. La storia e la cultura d'Italia è enormemente complessa. Ogni singolo argomento o riferimento alla storia o alla cultura in Italia ha così tante opzioni che l'esame approfondito e l'analisi potrebbero riempire le pagine di più libri. Questa complessità contribuisce alla percezione che l'Italia è un paese di contraddizioni. Per esempio per quanto riguarda la religione: cristianesimo o paganesimo? La struttura della società: patriarcale o matriarcale? Donne: la dicotomia dei loro ruoli? La domanda che deve essere contemplata è se l'Italia è una serie di contraddizioni o un paese la cui complessità, una volta approfondita profondamente, conferisce un'identità amalgamata tutta sua? Indipendentemente da ciò, offrendo le intuizioni in questa *Lettera*, ho suggerito una serie di modi di considerare le somiglianze e le differenze tra settentrionali e siciliani che influenzano il nostro comportamento ancora oggi come famiglia. Dopo aver fatto questo, ora vi presento i vostri antenati.

Profili degli antenati

Luigi (Louis) Alberghini

ONNO, LUIGI (Louis) Alberghini, è nato nel paese di Dodici Morelli, nel Comune di Cento, Provincia di Ferrara, Regione Emilia Romagna, il 18 Aprile 1890. Questo paese è circa trentasette chilometri a nord di Bologna ed è soprannominato, secondo Gus, "Tiramola" tira e molla.

GUS   È il nome del paese, Dodici Morelli, significa dodici blocchi. Qui c'è una strada, qui un'altra strada come quella, e da qui alla fine ci sono sei strade e in mezzo una nell'altro senso. Quindi da questa strada a questa strada ci sono dodici blocchi. Dodici Morelli. E Tiramola è il soprannome di questo paese. Ti dirò perché. Questa è la linea, a destra della strada. Le persone da questa parte della strada volevano la chiesa qui. Le persone dall'altra parte la volevano qui. Quindi hanno dovuto trovare un punto di incontro e l'hanno costruita qui. Tirare e lasciare andare.

La chiesa a cui si riferisce Gus è probabilmente la *Parrocchia Della SS.MA Trinità Di Dodici Morelli*. Questa chiesa, originariamente costruita nel 1809, è collocata al centro di Dodici Morelli. Con sei blocchi a nord e sei a sud.

Anche i fratelli e le sorelle del Nonno sono nati in questo

paese. La primogenita di Maria Rosa Ranieri e Ruffillo Alberghini, Edvige, morì poco dopo essere nata. Entro un anno dalla sua morte è nato il Nonno. Ma mentre Maria Rosa lo stava ancora allattando rimase incinta una terza volta e smise di produrre il latte. Quindi il Nonno fu cresciuto con il vino. O almeno, io sono cresciuta credendo fosse vino, l'unico liquido disponibile per mantenerlo in vita. Ho imparato, tuttavia, che la frase 'cresciuto con il vino' è un modo di dire. È una tipica espressione usata dagli italiani per dire il latte proveniente da un animale come una capra. In altre parole, il Nonno avrebbe potuto essere allevato col vino, ma è anche molto probabile che egli sia veramente cresciuto con il latte di capra o di mucca. Certo, potrebbe essere stato allevato con entrambi! Quando sono cresciuta ricordo le cene con Nonno e lui che raccontava di aver bevuto vino per tutta la vita, anche quando era un ragazzo giovane. Altre storie, nella tradizione orale della nostra famiglia vogliono che sia i fratelli che le sorelle del Nonno bevessero vino fin da giovani. Sua sorella più giovane, Ada, quando era bambina, era conosciuta perché girava per la bottega e il ristorante di famiglia con macchie viola sulle labbra dovute al fatto che assaggiava il delizioso vino fatto in casa. Così, da bambino, che cosa l'ha mantenuto in vita? È concepibile che sua madre nel tentativo di salvarlo lo abbia nutrito con almeno un po' di vino insieme con al latte di capra?

Poiché già un bambino era morto i genitori erano sicuri che anche lui sarebbe morto. Ovviamente, siccome io sono qui a sedere e vi sto scrivendo, sono la prova che lui non è morto. Eppure, il bambino che è stato concepito durante il periodo di allattamento di Maria Rosa è morto. Il suo nome era Cirillo. Lui e Nonno dovevano camminare per una discreta distanza per frequentare la scuola. È probabile che questa scuola fosse nel loro stesso paese. Gus Govoni ha detto che andavano in una scuola che era all'incirca a cinque chilometri di distanza, in un paese probabilmente chiamato Manchillio. Io non sono sicura di dove in realtà andassero a scuola e non sono stata in grado di trovare una città nella zona denominata Manchillio. So che era intorno al 1900 e un giorno a scuola, da come racconta la storia Gus, c'è stato un incidente mentre Cirillo stava giocando vicino o dentro una chiesa vicino alla scuola, "Qualcosa è caduto fuori – era alto – dalle protezioni. E lui è morto." Il racconto di Gus della sua morte è leggermente diverso da quello del Nonno o, potremmo dire che è una versione più ampia di quello del Nonno. Nonno, essendo un bambino, circa sei anni, molto probabilmente era presente all'incidente, e con ogni probabilità, ha visto suo fratello morire. Egli ha descritto l'incidente in questo modo: Cirillo stava soffocando con qualcosa che aveva mangiato e qualcuno corse a chiamare sua madre; sua madre corse tutta la strada per arrivare a scuola ma era troppo tardi. Nel tempo in cui è arrivata Cirillo era già morto. Successivamente, qualunque cosa fosse quella con cui Cirillo si è soffocato, forse una pesca o un pezzo di un altro frutto, sua madre non fu mai più in grado di mangiarlo! E da quel momento in poi i figli di Maria Rosa furono seguiti negli studi a casa.

Gli altri figli nati da Maria Rosa e Ruffillo vissero fino ad età adulta. Essi erano Romeo, una seconda femmina nata dopo che Edvige morì chiamata a sua volta Edvige, Fernando (Nando) e Teotista (Ada).

Poco altro si sa della vita del Nonno in Italia fino al 1908. All'età di diciotto anni credeva di essere abbastanza grande per poter iniziare a condurre la sua vita sociale e prendere le sue decisioni, ma suo padre era molto severo e, per esempio, gli vietò di frequentare la sala da ballo gestita dalla famiglia. Lui inoltre avrebbe voluto frequentare l'università di agraria di Bologna per seguire una carriera prosperosa in Emila Romagna, con la fertile pianura su cui passa il fiume Po, ma suo padre non gli avrebbe permesso nemmeno questo. Quindi partì con un passaporto temporaneo per l'America.

Nonno salpò a Genova, Italia sulla nave ROMANIC il 2 Aprile 1908 e arrivò al porto di Boston, Massachusetts il 20 Aprile 1908. Aveva 50 dollari in tasca e la sua destinazione finale sul manifesto della nave era Chelsea, Massachusetts, un sobborgo di Boston. Avrebbe potuto vivere con suo zio Luigi (Louis) Ranieri – il fratello con il quale sua madre aveva aperto il negozio di alimentari a Dodici Morelli. Secondo Gus, però, ha scelto di vivere con lui, invece, anche se lo zio abitava nello stesso quartiere.

Gus racconta una storia divertente dei primi giorni del Nonno in America.

GUS   Stavo pensando ai primi giorni di tuo papà quando venne per la prima volta in questo paese. Tuo papà, era un giovane uomo. Mi ricordo, era il 1908-1909. Aveva all'incirca diciotto anni e vivevamo qui in questa casa e all'angolo c'era un bar. A quei tempi potevi andare con una caraffa e avere la birra lì. Così eravamo tutti lì. Mi ricordo che era una notte calda. Dicemmo a Louis di andare a prendere venticinque centesimi di birra al bar. Ma qualcuno disse che era troppo giovane, che doveva avere vent'anni per comprare la birra. Gli dicemmo se ti chiedono quanti anni hai dì venti. E se ti chiedono dove vivi dì 17 Eagle Street. Quando andò là gli chiesero quanti anni avesse e lui sbagliò. Disse diciassette invece di venti. E gli dissero 'no, non possiamo darti la birra.' E Louis, tuo papà, prese il contenitore si alzò e la prese da solo!

Ho intervistato diverse persone nel tentativo di capire il carattere del Nonno. Gus Govoni e sua figlia, Laura, lo descrivevano come uno scaltro uomo di affari, intelligente e ambizioso. Elena Cevolani Benotti, sua seconda cugina, concorda e diceva inoltre che era una persona affascinante. Io credo fosse tutte queste cose. Basta guardare le sue fotografie e apprezzare il suo bell'aspetto per immaginare il suo fascino. La sua intelligenza e ambizione sono provate dal fatto che nel 1910, quando era ancora in America con il passaporto temporaneo, frequentò una scuola serale a Chelsea, la città dove viveva, per imparare l'inglese.

Tra il 1908 e il 1910, mentre era in America con il passaporto temporaneo, fece il lavoro più diffuso per gli immigrati, quello del cameriere e operaio certificato in una fabbrica di scarpe. Come cameriere, probabilmente fu assunto in diversi locali. (L'immigrato era veloce a spostarsi quando c'era l'opportunità di salari più alti.) Mentre lavorava come cameriere divenne amico di un uomo che lavorava in un'industria di scarpe a Boston. Costui ha raccomandato il Nonno per un lavoro e il 2 Febbraio 1910 , mentre viveva al numero 197 di Chester Avenue a Chelsea, il Nonno ricevette dall' Associazione dei Datori di Lavoro del Massachusetts una lettera di notifica di un posto di lavoro disponibile come operaio certificato, tagliatore di scarpe da donna nella fabbrica a Boston.

O questo suo stesso amico o un altro che aveva conosciuto mentre lavorava nell'azienda a Boston stava partendo per andare a lavorare nell'industria di scarpe a New York. Il Nonno andò con lui e dal 23 April 1910 viveva a Rochester, New York, dove tutto indica che lavorava presso la E.P. Reed & amp; Company, industria di scarpe al 250 N. Goodman Street come operaio certificato. Mentre lavorava qui viveva al numero 6 di Market Street e l'unica altra informazione che ho è che era scontento, anche se guadagnava bene.

I dettagli della sua vita in questo periodo negli Stati Uniti sono vaghi. Il suo trasferimento a Rochester non fu il suo primo viaggio a New York. Nell'Agosto del 1909 era a Auburn, New York, e presumo che tornò in Italia dopo essere stato a Rochester.

Lui era uno del 48,3 % degli immigrati del nord Italia in questo paese che tornava in Italia prima del 1924. Degli studi hanno dimostrato che questi immigrati erano infelici qui e ritornavano perché sentivano la mancanza di 'casa.' Mentre è vero che da un lato il nonno era triste a Rochester e molto probabilmente sentiva la mancanza di casa, dall'altra parte dovette tornare ed entrare nell'Esercito Italiano prima del 31 Dicembre 1910. Il suo passaporto temporaneo era stato concesso a questa condizione e concordato quando firmò l'*ATTO DI SOTTOMISSIONE* il 30 Marzo 1908.

Il Nonno servì come richiesto per tre anni nell'esercito come colonnello e colonnello maggiore nel 77° reggimento di fanteria. Nell'ultima parte di questo periodo, se non per tutto questo, abitava a Brescia, una città nella regione della Lombardia, a circa centotrenta chilometri nordovest di Dodici Morelli e dalla città di Cento.

Tra le molte lettere e i documenti che ha conservato nel corso della sua vita ci sono due lettere ricevute dal Sig. Lucio Rossi mentre il Nonno era a Brescia che mostrano il suo senso dell'umorismo e dimostrano il tipico "prendere in giro scherzoso"[1] degli uomini italiani e italo americani. In Italia, l'abitudine di usare abiti neri una volta morto un parente (molto stretto) o un amico caro era osservata per un anno. Le notizie di lutto erano a loro volta mandate su carta rifilata di nero. Nonno e alcuni uomini nella sua compagnia mandarono al signor Rossi, un uomo che aveva smesso il servizio prima, una cartolina per notificargli la morte di un compagno di fanteria. Molto tristemente il Sig. Rossi ha esposto in una lettera indirizzata al Nonno e agli altri gli orrori della guerra, le sue ingiustizie, la distruzione di vite umane, il dolore che provava per la devastazione dei suoi morti. Ha parlato delle sensazioni che ha provato vedendo la carta rifilata di nero prima di aprirla, e rendersi conto che non sapeva chi fosse l'uomo che era morto, probabilmente perché era un compagno di fanteria immaginario. Realizzando che si erano presi gioco di lui, rispose anche che supponeva si fossero fatti una bella risata a sue spese.

Una volta congedato dal servizio, il Nonno è tornato nella casa della sua famiglia a Dodici Morelli. All'età di ventitré anni, dopo aver vissuto in un paese straniero e servito l'esercito Nonno era sicuro che suo padre lo avrebbe finalmente trattato come un adulto. Ma così non fu. Quando cercò di andare nella sala da ballo scoprì che gli era ancora vietato. Continuava ad esserci il coprifuoco per lui, cosa che Nonno riteneva irragionevole. Non poteva vedere la maestra di scuola che aveva affittato un appartamento nella casa della sua famiglia e per la quale 'si era preso una cotta.' Credendo forse che lui e suo padre non sarebbero mai andati d'accordo o sapendo di non essere disposto a vivere la sua vita come voleva suo padre, Nonno lasciò l'Italia una seconda volta per gli Stati Uniti.

Questa volta, ha viaggiato sulla nave LUISIANA della compagnia di navigazione italiana Lloyd. Ha acquistato il suo biglietto a Genova, Italia l'11 Giugno 1913. Il giorno successivo, il 12 Giugno 1913, salpò per la città di New York, New York, occupando la cabina 2 cuccetta R. Arrivò a New York il 28 Giugno 1913 con 60 dollari e passò per la Stazione di Ispezione degli Immigrati a Ellis Island. Se sia rimasto a New York per un po' oppure no, non lo so. Il manifesto del suo passaggio elenca come destinazione finale il numero 31 di Proctor Avenue, Revere, Massachusetts, una città circa otto chilometri a nord di Boston e la casa del suo amico e primo cugino, Luigi Sconsoni. È registrata inoltre l'informazione che lui era già stato precedentemente negli Stati Uniti e aveva vissuto a Revere. Non sono stata, tuttavia, in grado di verificare che lui vivesse veramente lì. Secondo Gus, quando il Nonno tornò in America la seconda volta, visse con sua zia, Amelia Tassinari Cevolani, e suo marito, Giovanni, al numero 50 di Lowell Street a Somerville, Massachusetts, che è circa cinque chilometri a nord di Boston ed era considerato uno dei sobborghi più interni.

Elena Cevolani Benotti, la figlia di Amelia e Giovanni, è nata nel 1916 quando il Nonno aveva ventisei anni. Nelle sue prime memorie lo ricorda con l'uniforme da soldato, molto prestante e affascinante. Lei si ricorda che era amorevole e cordiale. Ogni volta che andava a casa loro lei riceveva un grande abbraccio da lui, come un orso. Dice che era così affascinante che le donne lo inseguivano.

Si ricorda che lui era selvaggio e lasciava il segno quando passava, spezzando i cuori delle giovani ragazze. Ma crede che si sia sistemato una volta sposato perché era un marito devoto. Crede anche che fosse severo con i suoi figli, lo era veramente, perché sapeva quali potevano essere i problemi.

L'uniforme che Elena ricorda era quella dell'Esercito degli Stati Uniti durante la Prima Guerra mondiale. Ha iniziato il servizio il 22 Giugno 1918 ed era di stanza a Camp Devens, una postazione militare al centro del Massachusetts dal 1917 al 1996. Divenne cittadino degli Stati Uniti il 20 Settembre 1918. Era alto circa un metro e settanta. Aveva occhi blu e capelli brizzolati neri. Fu congedato con onore il 1 Febbraio 1919.

Mentre era nell'esercito, il 12 Gennaio 1919, lui e Nonnie, Maria (Mary) Govoni, si sono sposati nella Chiesa cattolica di San Francesco d'Assisi a South Braintree, Massachusetts.

Prima di entrare nell'esercito degli Stati Uniti, tuttavia, Nonno lavorò ancora come cameriere, continuando a seguire il percorso dei giovani lavoratori immigrati. Durante questo periodo, era un membro dell'Alleanza internazionale dei dipendenti degli Hotel e dei Ristoranti e dell'Unione dei camerieri di Boston, Local 40, probabilmente lavorava in diversi ristoranti a Boston e viveva a Somerville. Eppure, dopo essere stato congedato dall'esercito, ha iniziato a sfruttare le opportunità di lavoro disponibili e a scegliere strade diverse per la vita delle famiglie della classe media. Era una agente assicurativo, gestiva diversi negozi alimentari con dei *paesani* – il 'Negozio di alimentari Somerville' a Somerville e il 'C. Torrielli & Company, Inc. a Boston'; dirigeva diversi negozi alimentari – le Catene di negozi Gloria, e la catena dei negozi Stella a Boston, Chelsea e in altre città; ed era inoltre proprietario di diversi ristoranti, come il Café Venezia a Somerville. Era un duro lavoratore, tenuto in grande considerazione dai suoi colleghi, e aveva la reputazione di essere "onesto, laborioso, e degno di fiducia" secondo il Presidente della compagnia C. Torrielli come affermato in una lettera riguardante il Nonno datata 26 Settembre 1933.

Il mio primo ricordo del Nonno risale a quando avevo circa sei o otto anni. Ormai i suoi capelli neri erano completamente bianchi e con il taglio a spazzola. La sua pelle era così chiara che a distanza ravvicinata si potevano vedere le sottili vene giusto vicino alla superficie. Ha quasi sempre indossato pantaloni marroni con una camicia bianca, con le maniche arrotolate. Sopra questo, un lungo grembiule di lino bianco legato davanti e su tutto ciò una giacca di cotone grigio. Posso ancora vederlo camminare sul marciapiede dietro dal pollaio alla porta sul retro della loro casa coloniale olandese bianca nella città di Burlington, Massachusetts. Burlington è venticinque chilometri a nordovest di Boston ed è considerato uno dei sobborghi più esterni.

Amavo questa casa, la casa dove mio padre si trasferì quando aveva dieci anni, la casa in cui ho vissuto con mia mamma e mio papà dall'Ottobre del 1949 fino a Dicembre 1950. Tutti e tre dormivamo nella vecchia camera di papà, la prima camera sulla destra quando entravi dal corridoi al secondo piano. Mi ricordo la camera di un colore a metà tra il bianco e il blu. Da qui si poteva salire in soffitta, uno dei miei posti preferiti per giocare quando andavo a visitarli giornalmente da bambina. Vedete, noi vivevamo nella casa accanto.

Per andare in soffitta dovevo correre su per le scale e svoltare nella camera. Mi fermavo rapidamente ma con riverenza davanti al letto matrimoniale di fronte a me. La mia omonima, Zia Laura, sei anni prima che io nascessi, morì in quel letto, mentre dormiva, di polmonite. Dopo un cenno alla sua memoria, mi precipitavo alla mia destra alla porta dell'armadio dalla parte opposta dei piedi del letto. Tirando aprivo la porta e trovavo un'altra porta subito alla mia destra. Con la segreta eccitazione che può provare un bambino, respiravo in fretta, lentamente giravo la maniglia della porta, espirando tranquillamente nello stesso momento in cui giravo la maniglia e aprivo la porta magica. Dentro c'era un'altra rampa di scale per andare in soffitta e un accogliente calore che sapeva di naftalina riscaldata e legno grezzo.

La soffitta era aperta, lunga e larga come tutta la casa. I muri avevano una graduale inclinazione verso l'interno raggiungendo il tetto. Su entrambi i lati della soffitta, le finestre facevano entrare la luce del sole. Il mio unico compagno di gioco, tuttavia, era la mia vivace immaginazione. La zia Alma o la Nonna solitamente mi erano vicine siccome avevo il permesso di salire solo per prendere o mettere via qualcosa.

Due caratteristiche ricordo chiaramente del Nonno. La prima era il suo amore per gli altri che sembrava scorrere profondamente e durare a lungo dopo che se ne erano andati. Un esempio era la devozione per mia zia Laura. Accuratamente, ogni bambino – i miei fratelli, le mie sorelle ed io – al suo turno andava a visitare la sua tomba. In base alla stagione, piantavamo e annaffiavamo i fiori o facevamo semplicemente visita. Quando piantavamo o visitavamo in primavera ed estate, dopo aver "salutato" (la tomba), avevamo il compito di prendere l'annaffiatoio dal rubinetto, riempirlo d'acqua e ritornare. Mentre andavamo, il rubinetto era leggermente distante, era il turno della Nonna e del Nonno di 'parlare' con lei. Stavano attenti a finire prima che noi tornassimo.

Oltre al suo amore, mi ricordo la sua scaltrezza. Sapeva come vivere, avere successo, e andare avanti in questo paese. L'aver frequentato una scuola serale era prova non solo della sua intelligenza ma anche della sua ambizione. Il Nonno non parlava un inglese stentato e sgrammaticato. Infatti parlava senza traccia di alcun accento. Questo indicava, ancora di più, la sua straordinarietà.

Eravamo molto orgogliosi di essere di origine italiana, tuttavia non abbiamo mai considerato nemmeno per un momento di essere altro che americani. Mi ricordo solo che mi veniva detto di essere orgogliosa di essere italiana e non perché o che cosa significasse essere italiano. Non mi ricordo che vivessimo secondo lo stereotipato stile di vita italiano. Non vivevamo in una comunità con altri italiani. Le cene della domenica sera, la partecipazione alla messa della domenica mattina, e le visite di famiglia non erano diverse da quello che facevano i nostri vicini di casa. Infatti, direi che il nostro stile di vita era cattolico più che italiano. La chiesa era la forza vitale che determinava i nostri valori, le nostre convinzioni, e le interazioni sociali. La comunità era governata da cattolici e c'era una piccola separazione tra chiesa e stato.

Ricordo la risata del Nonno, la bottiglia di vino sul pavimento vicino alla sua sedia e alla tavola. Faceva il suo vino e le sue bottiglie di vino erano brocche di vetro che avevano un gancio sul collo. Si chinava verso il basso per raccoglierla da quel gancio quando voleva più vino durante il pasto. (Non abbiamo mai avuto bottiglie di vino o latte sulla tavola quando cenavamo, solo le caraffe d'acqua erano permesse.)

Ricordo il pollaio dietro casa e il suo odore distinto quando aiutavo Nonno a raccogliere le uova da portare a Nonnie. Ricordo, inoltre, il piccolo orto subito fuori il pollaio che aggiungeva freschezza in più alla tavola generosa. Mi ricordo il camino in mattoni con la sua griglia di cottura che si trovava alla fine del pergolato bianco coperto di uva che ospitava una lunga tavola bianca con panchine bianche. E, mi ricordo seduta o a giocare nelle vicinanze, ad ascoltare ogni volta che gli amici o i familiari venivano in visita per condividere il pasto e la conversazione.

Ora capisco che queste attività piacevoli erano sottili tracce della vita di Nonno in Italia. La lingua italiana mi era estranea quando ero piccola e solo ora sto iniziando a impararla. Mi ricordo, tuttavia, mentre dicevamo grazie – una preghiera di ringraziamento – in italiano prima del pasto quando eravamo a casa di Nonnie e Nonno. Ma Nonno parlava soprattutto in italiano quando non voleva che noi (i miei fratelli, le mie sorelle ed io) capissimo cosa stesse dicendo. Faceva lo stesso con mio padre e le sue sorelle, le mie zie. Quindi, la generazione di mio papà e la mia è cresciuta non parlando italiano anche se la madre di Nonno, Maria Rosa, lo implorò da lontano, attraverso le sue lettere, come una datata 1 Febbraio 1932 "Assicurati di insegnare ai tuoi figli l'italiano . . . sarà un bene per loro."

Ma, parlare inglese senza un accento era "Uno dei primi mezzi concreti per l'accettazione" nel Nuovo Mondo per un italiano. Quegli immigrati che erano ambiziosi, e ricordate, Laura Govoni ha descritto Nonno come tale, sentivano "un disagio vero e proprio ogni volta che uno dei loro connazionali insisteva a parlare" in italiano. Un italiano di fronte alla sua lingua nativa ricordava che nell'apprendimento della lingua inglese egli "aveva rinunciato [alla] sua lingua originale" ed era in grado di farlo solo reprimendo "un senso di perdita" che sperimentava ogni volta che lo parlava.[2]

So che Nonno non ha completamente rinunciato a parlare italiano. Oltre a usarlo come ho già menzionato, parlava italiano quando occorreva per gli affari o nelle occasioni con i suoi *paesani*, e, naturalmente, scriveva in italiano alla sua famiglia in Italia. Riguardo la lingua inglese, però, Laura Govoni ha sottolineato che, "era sempre molto articolato. Aveva una buona padronanza della lingua inglese; poteva comunicare bene." E, nel suo impeccabile inglese, posso continuare a sentirlo dire "Siamo in America. Viviamo come americani." Quindi ha cresciuto la sua famiglia secondo gli usi del suo paese adottivo – l'America – una prodezza che ora riconosco come probabilmente molto dolorosa. Quello che ho capito essere patriottismo americano potrebbe benissimo essere stata acculturazione – Nonno rinnega il suo passato, nel tentativo di avere successo in America.

Non ha mai parlato della sua famiglia o della sua casa in Italia. Naturalmente, dal momento che sapevo che era stato in questo paese per più di quarant'anni – più a lungo di quanto abbia vissuto in Italia. Infatti non sapevo niente su di lui. Conoscevo solo lui.

È stato solo dopo la morte di Nonnie che ha iniziato a parlare del suo passato – la sua terra e i suoi primi giorni in America. A quel punto, ero abbastanza grande per muovermi nel mio mondo, ma abbastanza giovane da non essere interessata al suo. Credo che i miei fratelli e le mie sorelle, non avendo avuto il vantaggio di conoscere Nonnie e Nonno quando vivevano nella casa bianca in stile olandese,[3] abbiano fatto più domande e passato più tempo parlando con lui del suo passato di quanto abbia fatto io. Il momento in cui ho realizzato l'importanza della sua influenza nella mia vita, era troppo tardi. Entrambi, lui e Nonnie, erano andati – Nonnie nell'Agosto 1976 e Nonno nel Marzo 1979.

Maria (Mary) Govoni

NONNIE, MARIA (Mary) Govoni, è nata in Italia il 27 Novembre 1896 nel paese di Renazzo, Comune di Cento, Provincia di Ferrara, Regione Emilia Romagna. È venuta in questo paese nel 1904 circa con sua madre Laura Ardizzoni Govoni, suo padre, Carlo Govoni, e suo fratello e sua sorella più giovani, Vincenzo e Norma. Il loro paese natale, Renazzo, è adiacente a Dodici Morelli, il paese natale del Nonno.

Anche se la Nonna e il Nonno vivevano così vicini l'uno all'altro in Italia, non si sono incontrati fino al 1917 o giù di lì a Somerville, Massachusetts. La Nonna comunque sapeva chi era il Nonno. Si ricordava di averlo visto nel negozio di alimentari di suo nonno quando faceva visita ai nonni materni, Imelde Tassinari e Domenico Ranieri. Il negozio di Domenico Ranieri era sulla strada, oggi conosciuta come Via Renazzo, nel paese di Renazzo e nella stessa costruzione dove loro, i nonni di Nonno, vivevano e dove sua madre, Maria Rosa, era nata. Siamo cresciuti credendo che Nonnie vivesse sulla stessa strada per via delle storie di lei che vedeva lui nel negozio di alimentari, tuttavia, ha effettivamente vissuto a meno di un chilometro e mezzo di distanza, in via Buttieri.

Il viaggio di Nonnie per gli Stati Uniti è stato il suo primo viaggio ma, per suo padre, Carlo, era il secondo. Lui era venuto alcuni anni prima per cercare lavoro. Era andato a Plymouth, Massachusetts, una città circa sessantacinque chilometri a sud di Boston, dove si erano stabiliti altri parenti. Trovò lavoro in una fabbrica di cordame che occupava molte ore per un salario minimo. Ha lavorato finché non ha guadagnato abbastanza per prendere un appartamento per la sua famiglia e per poter pagare loro il viaggio per gli Stati Uniti. Poi è tornato in Italia per accompagnarli nella loro nuova casa.

Una volta negli Stati Uniti, Laura e Carlo ebbero altri quattro figli che erano Louis, Carolina (Carrie), Lena e Doris.

Da Plymouth si sono trasferiti a South Braintree, Massachusetts, un quartiere all'interno della città di Braintree, circa venticinque chilometri a sud di Boston. La sua scarsa padronanza della lingua gli ha impedito di lavorare per il suo mestiere; è stato un sarto in Italia, eppure in America lavorò solo in fabbrica con bassi salari.

Sua moglie, Laura, soffriva per il loro basso reddito per diverse ragioni. Innanzitutto, lei credeva, come Nonno, che siccome vivevano in America dovevano comportarsi come americani. Economicamente, poi, il marito avrebbe dovuto approfittare delle opportunità per accrescere il loro reddito e la qualità della vita. In secondo luogo aveva bisogno di imparare l'inglese per se stessa e ha lavorato sodo per farlo. Era una persona acculturata in Italia, essendo stata educata a casa da un insegnante, e convinta che imparare fosse importante. Lui, comunque, parlò un inglese stentato e scorretto fino al giorno della morte. In sostanza, quindi, lei credeva che avrebbe potuto provvedere in modo migliore alla sua famiglia imparando l'inglese e aprendo la sua attività di sartoria. Avrebbe avuto di sicuro successo data la sua abilità sartoriale e la sua reputazione. Non ha mai avuto bisogno di prendere misure quando faceva un paio di pantaloni, un abito, un cappotto, o altre cose. Doveva solo guardare una persona o un capo di vestiario per sapere le misure corrette. Eppure, le uniche cose che ha fatto nella sua nuova patria sono state per la sua famiglia, incluso insegnare ai suoi figli le basi della sartoria, e lavorare il sabato per aiutare un uomo che aveva un negozio di sartoria.

Io non so molto della Nonna, sia da bambina che da ragazza. Quando ha conosciuto e sposato Nonno, comunque, stava svolgendo il tipico lavoro di un giovane adulto immigrato, in una fabbrica di scarpe. Lei, come Nonno, era brava in inglese, avendo passato la maggior parte della sua infanzia in America. Come donna sposata, era una madre e casalinga, una sarta, e un'insegnante di economia domestica. Il suo ruolo di casalinga, naturalmente, era diverso rispetto a quello che conosciamo oggi. Preparava i polli che allevavano, ciò implicava uccidere il pollo spezzandogli il collo, drenare il sangue, togliere le sue piume, tagliarlo e infine prepararlo. Anche le sue giornate erano lunghe. La sua giornata lavorativa normale durava diciotto ore. Si alzava tutti i giorni alle cinque del mattino, alle tre del pomeriggio riposava per venti minuti, e poi lavorava ancora fino alle undici di sera. Mentre in media la nostra giornata lavorativa è di otto ore con un po' di tempo per socializzare e per il relax durante la giornata e dopo cena, lei continuava a lavorare dopo aver preparato la cena per i suoi bambini e un'altra per il Nonno che di solito tornava a casa dal lavoro più o meno alle 9 o alle 10 di sera.

Come sarta, la Nonna lavorava in una piccola veranda fuori dalla sala da pranzo, il suo spazio di lavoro scorreva avanti e indietro tra le due camere. Il tavolo da pranzo era il suo tavolo da lavoro di grandi dimensioni; la veranda era dove lei si sedeva per cucire con la sua macchina da cucire Singer, spingendo il suo pedale e trasformando abilmente i pezzi del puzzle di materiali in abiti chic e alla moda. Creava i suoi disegni e faceva i modelli necessari tagliando vecchie lenzuola o carta scartata. Ospitava i clienti dei suoi servizi nella veranda.

Mi ricordo in piedi su uno sgabello basso, in questa stanza assolata, mentre mi misurava, provando i vestiti in diverse fasi di preparazione, e modellando l'abito finito. Uno strumento di lavoro di Nonnie, il mio preferito era un piccolo tavolo di mogano, alto solo circa sessanta centimetri e largo trenta con i lati che si aprivano, le gambe affusolate, e un cassettino che conteneva le forbici, gli spilli, i metri da sarta, e così via. L'attrazione affascinante era un rocchetto di plastica rosso, il supporto avvitato nella parte superiore della tavola, che teneva un'esplosione di fili colorati.

La veranda era il suo mondo incantato. Oltre ad essere la sede della sua creatività, è stata la stanza di un pianoforte che veniva suonato, e che forniva, insieme alla sala da pranzo, ore di piacevole intrattenimento musicale e danzante. Ma, questa storia è per un'altra volta! La sua carriera come insegnante di economia domestica è cominciata, come osservato in precedenza, dopo la seconda guerra mondiale, e quando i suoi figli sono cresciuti, ma ha fatto la maggior parte dei nostri vestiti durante la crescita – i vestiti, i cappelli, i cappotti, e tutto con i colori abbinati per me e le mie sorelle.

Nonnie e Nonno si sono conosciuti tramite le sue frequenti visite a sua zia, Erminia Ardizzoni Tassinari, che viveva nella stessa casa della zia del Nonno, Amelia Tassinari Cevolani, a Somerville. Questa era anche la stessa casa in cui viveva Nonno. Da come Elena racconta la storia, la zia di Nonna Erminia (che tutti chiamavano Zinna) affittò un piccolo appartamento, buio, al primo piano dai Cevolani. Amelia era una sarta professionista che cuciva per vivere, e Zinna e sua figlia, Louise, erano sempre al piano superiore dai Cevolani. Zinna puliva e dava una mano in casa in modo che Amelia potesse cucire. Ogni volta che un gruppo veniva a visitare entrambe le famiglie solitamente mangiavano al piano superiore nella sala da pranzo dei Cevolani, bella, luminosa, e spaziosa.

Dopo che Nonnie e Nonno si sono sposati hanno vissuto per un po' di tempo con i Cevolani. La casa dei Cevolani al numero 50 di Lowell Street, è stata costruita da un imprenditore che era amico di Amelia e Giovanni Cevolani. Egli aveva costruito la casa per sé, aveva vissuto qui per poco, e successivamente l'ha venduta a Giovanni. C'era un piccolo appartamento al primo piano per i suoi genitori (quella che Zinna e suo marito avevano affittato). La sua abitazione, poi diventata dei Cevolani, era al secondo piano e al terzo piano c'erano diverse camere da letto che erano state disegnate specificamente per i parenti in visita.

Ironicamente, mentre Nonno e Nonnie vivevano là Amelia divenne "l'insegnante dei più fini e complicati" aspetti del cucire.[4] Nonnie ha imparato a cucire da suo padre, Carlo. Ricordatevi, lui era un sarto abile e loro vivevano in un tempo in cui era la norma per le famiglie farsi i propri vestiti. Infatti, Nonnie ha fatto il vestito di velluto verde che indossava per il suo matrimonio. Eppure, continuava a sviluppare e migliorare le sue abilità a cucire imparando da Amelia e diventando una sarta profession-ista nel vero senso della parola. Dopo aver vissuto dai Cevolani, Nonnie e Nonno hanno fatto alcuni altri spostamenti a Somer-ville – Ibbetson Street, Belmont Street, Carver Street – prima di trasferirsi nella casa coloniale olandese bianca di sette camere a Burlington, Massachusetts. Mentre erano a Somerville, comunque, sono nati tutti e quattro i figli – Alma Maria Rosa, Edvige Laura, Louis Ruffillo, and Maria Irma.

Nonna viene descritta dalle altre persone come una bella, bella donna. Elena Cevolani Benotti è stata l'unica a spiegare 'bella.' Lo fece raccontandomi del giorno in cui la Zia Alma è nata e della sua gentilezza nei confronti degli altri. Quel giorno al numero 38 di Ibbetson Street, Elena e sua madre, Amelia, sono andate a visi-tare Nonnie e la sua nuova bambina. Elena dice:

> Posso ricordare quel giorno. Tua nonna era ancora nel letto e loro la stavano lavando [la bambina] in una vasca di porcellana, come una piccola ciotola. Questa bambina, l'infermiera o qualcuno, probabilmente era Norma, la stava lavando. Tua Nonna era nel letto e mi ricordo di aver sbattuto le labbra sul bordo di quella ciotola. Non sono divertenti le cose che ci ricordiamo? E io ho iniziato a piangere. Tua nonna mi ha chiamata verso di lei e mi ha abbracciata e io mi sono sentita molto meglio per questo. Ma lei è semplicemente una donna meravigliosa.

Mi ricordo la Nonna come tranquilla e molto meticolosa. C'era una determinazione silenziosa in lei e tu sapevi che le cose sarebbero state fatte a suo modo. Almeno, io sono sempre andata avanti con le sue direttive.

Siccome lei sapeva cucire così bene e le piaceva, ha fatto la maggior parte dei nostri vestiti. Quando crescevo e i miei orli potevano essere allungati, sarei rimasta in piedi molto e molto ancora mentre lei lavorava con estrema attenzione. Mi sono sempre agitata come ogni bambina, eppure non osavo muovermi nemmeno di un millimetro per la paura che gli spilli accidentalmente mi pungessero. Se lo avessi fatto o se solo mi fossi lamentata degli spilli sarei stata messa duramente a tacere. (Sto ridendo ora scrivendolo e ricordandomi questi momenti con Nonnie e l'amore che sentivo ogni volta che ero con lei indipendentemente dalla sua severità.)

La sua precisione era notevole anche quando si prendeva cura di noi le sere in cui i miei genitori uscivano. Non lo faceva spesso, eppure ho due precisi ricordi di queste occasioni: dicevo le mie preghiere serali, ripetendo dopo di lei, in italiano; e lei mi infilava tranquillamente nel letto. Ricordo una notte in particolare. Entrò nella mia camera al buio per controllarmi. Mi ero mossa e avevo spostato le lenzuola. Mi capovolse (con gentilezza ovviamente) sulla schiena, spianando le lenzuola e sistemandole così forte che potevo a fatica respirare, o così mi sembrava.

Amavo il profumo che colpiva il mio olfatto tutte le volte che entravo in casa sua! Aprivo la porta di fianco, rimbalzavo sui pochi gradini, e attraversavo la successiva porta in cucina della casa coloniale olandese di fianco a dove vivevo io – il delizioso profumo della sua cucina che gentilmente permeava l'intera casa e si avvolgeva attorno a lei e a me in un abbraccio gigante.

Negli anni, tuttavia, il ricordo più bello e più duraturo di Nonnie in realtà non ha niente a che fare con lei, ma con quello che ho ricevuto da lei. Nelle mie frequenti visite, quasi quotidiane, a casa loro, se ero molto, molto brava potevo giocare con il burattino di legno di Pinocchio. Diceva che era il giocattolo preferito di mio padre. In quelle occasioni in cui mi meritavo il privilegio, solitamente ero in cucina con lei quando ricevevo il permesso di giocare.

Correvo dalla cucina, spingendo la porta girevole di passaggio e atterravo nella sala da pranzo. Era una delle mie camere preferite della casa. Si aveva la sensazione di un calore opaco e di intimità. La tavola da pranzo ovale si trovava in centro alla sala circondata dall'arredo in coordinato sulle tre pareti interne – un armadio cinese, una grande credenza e una piccola – tutti fatti nel 1930 con mogano d'epoca. La parete esterna posteriore aveva finestre che si affacciavano sul giardino, attraverso le quali entrava la giusta quantità di luce solare per ammorbidire la tonalità scura del mogano. Sulla parete di fronte alle finestre, ma contro la parete esterna c'era un doppio arco aperto che portava in salotto.

Mi sedevo sotto la tovaglia bianca che drappeggiava la tavola della sala da pranzo, parlavo con Pinocchio senza fare rumore, e muovevo le sue braccia e le sue gambe. Il burattino era molto speciale per me; era rappresentativo del nostro rapporto e divenne sinonimo di 'Nonnie.' Pinocchio ha seguito Nonnie e Nonno nella loro nuova casa bianca stile fattoria, costruita proprio dietro la casa bianca in stile coloniale olandese quando Nonnie divenne seriamente malata con il Parkinson. La mia passione per lui è continuata anche da adulta e ogniqualvolta andavo a trovarli, controllavo il suo posto nell'armadio – ha effettivamente occupato due armadi nella loro nuova 'casa' – per assicurarmi che fosse ancora lì, e gli dicevo, "ciao."

Dopo che è morto il Nonno, ho notato che Pinocchio mancava. È stato molto difficile trattenermi dal non mettere a soqquadro la casa per cercarlo. La zia Alma, vedendo quanto significasse per me, me ne comprò uno quando venne in visita in Italia qualche anno dopo. In realtà, ne comprò uno per ogni mia sorella e fratello. Il nuovo Pinocchio è diverso dal vecchio. è più magro, più brillante e non ha il naso rotto. Ma in qualche modo è speciale come l'altro perché rappresenta l'amore di una zia.

Chiunque conosce la famosa storia di *Pinocchio*, che è sempre stata la mia fiaba preferita, e qui sto divagando dal parlare di Nonnie. Capendolo come lo capisco ora, non c'è da meravigliarsi che io abbia sentito la sua particolarità. (Quando mi riferisco a *Pinocchio* mi riferisco all'originale, la classica storia italiana come tradotta in inglese e al design della bambola italiana; non alla versione Disney.)

Pinocchio è la storia di un burattino di legno il cui naso si allungava ogni volta che diceva una bugia. Geppetto, un vecchio uomo solo, lo ha scolpito in un pezzo di legno perché voleva un figlio. Pinocchio cercò di diventare un 'vero' ragazzo andando a scuola e obbedendo a suo padre. Ma il suo egoismo, la sua curiosità e le altre caratteristiche infantili gli hanno sempre portato problemi. Geppetto aveva venduto il suo cappotto per comprare un "libro di lettura" per Pinocchio, chiamato "*Abbeccedario*" da portare a scuola. Eppure Pinocchio aveva venduto l'abbecedario, l'equivalente italiano di un ABC americano, per comprare un biglietto per uno spettacolo di marionette.[5] Senza il libro non poteva andare a scuola. Ma non era un problema, il padrone delle marionette l'aveva catturato per usarlo nello spettacolo.

Pinocchio non faceva in tempo ad uscire da un pasticcio che subito era in un altro. È stato ingannato da una volpe e un gatto, era diventato un asino in un mondo immaginario, e così via e così via. Dappertutto, la Fata Turchina, che interpreta il ruolo della madre, e il Grillo Parlante, come tutti gli "animali 'buoni' personaggi" di Collodi,"[6] cercano di far crescere in lui una coscienza e cercano di guidarlo a diventare un piccolo uomo rispettabile e onesto.

Finalmente, dopo una lunga separazione con il padre, che aveva rinunciato a tutto per cercare Pinocchio, si sono ritrovati nello stomaco di una balena. Pinocchio ha portato in salvo suo padre e lo ha fatto tornare in salute andando a scuola e lavorando per pagare il cibo per Geppetto. Avendo accettato le sue responsabilità e avendo mostrato il suo amore e rispetto per suo padre sacrificandosi (come suo padre fece per lui), Pinocchio diventò reale.

Un italiano, Carlo Lorenzini, ha scritto questa fiaba prima come una serie di sporadiche e individuali storie in un *Giornale per bambini* tra il 1881 e il 1883. Lorenzini è nato a Firenze, Italia, e prese lo pseudonimo di Collodi dal posto in cui è nata sua madre. Egli è conosciuto, quindi, come Carlo Collodi. La città di Collodi è a circa centodieci chilometri sudest di Cento, nella regione

Toscana, come Firenze. Vanta un parco delle fiabe con un monumento a Pinocchio. Le marionette di legno di Pinocchio sono famose in tutta Italia perché è una fiaba classica in cui è ritratto il ruolo del pare, della madre, del figlio, all'interno del nucleo familiare italiano.

Lorenzini, in qualche modo magico, è riuscito a utilizzare l'immaginazione di un bambino per insegnare ai bambini ciò a cui i loro genitori guardano con ansia: amore e rispetto. Poiché i figli crescono per diventare madri e padri, imparano anche cosa i loro figli si aspetteranno da loro come genitori: sacrificio e un esempio.

I padri sono tenuti a sacrificarsi per il bene dei loro figli. Le madri a dare incoraggiamento e alimentare i sogni di ogni bambino. La lezione per i bambini è quella di diventare ragazzi o ragazze veri, e di "stare sulla giusta strada"[7] fino all'età adulta. In altre parole, devono essere obbedienti e ascoltare i genitori. In questo modo impareranno ad accettare le proprie responsabilità e quelle per gli altri. Certamente, l'ultima lezione è quella di portare rispetto ai genitori. Ma questo rientra nell'accettare la responsabilità per gli altri, non è vero?[8]

La marionetta di Pinocchio era speciale per Nonnie perché mio padre gliel'ha mandata dalla Svizzera, dove era di stanza durante la seconda guerra mondiale. La storia di Pinocchio era diffusa in tutta Italia e la bambola avrebbe potuto trovare la sua strada per la Svizzera durante il controllo italiano, tanto più che il confine delle Alpi tra Italia e Svizzera si spostava di frequente. Non mi ricordo che mio padre abbia mai mostrato una predilezione per Pinocchio, era probabilmente un messaggio non intenzionale che lui le ha mandato – la bambola era il segno del suo amore e rispetto per lei.

Maria Rosa (Rosina) Ranieri

L<small>A TUA</small> trisnonna, Maria Rosa Ranieri, è anche conosciuta come Rosina o Rosie. Lei è la mamma del Nonno ed è nata il 6 Dicembre 1869 nel casolare di famiglia in via Renazzo, nel paese Renazzo, Comune di Cento, Provincia di Ferrara, Regione Emilia Romagna, Italia.

Era la più vecchia di dieci figli nati da Imelde Tassinari e Domenico Ranieri i cui figli erano Maria Rosa (Rosina), Adelina, Giuseppe, Gisella, Luigi, Maria Caterina, Silvio, Raffaele, Vincenzo, e Venusto. Sappiamo che sei dei suoi fratelli e sorelle vennero in questo paese – Giuseppe (Joseph), Luigi (Louis), Maria Caterina, Silvio, Vincenzo, e Venusto (Ernest).

Anche Imelde Tassinari è nata a Renazzo nel 1843 e visse fino a ottantotto anni. Suo fratello Ettore (Hector) è stato l'unico di quella generazione a venire negli Stati Uniti. Egli fu, infatti, il nostro primo antenato a migrare. Venne intorno al 1870 e si stabilì a Danvers, Massachusetts, dove divenne il capo giardiniere all'Ospedale Statale di Danvers. Negli anni acquistò molte proprietà a Salem, Beverly, e Danvers – l'area conosciuta come la costa nord del Massachusetts o il nord di Boston. Secondo Elena Cevolani Benotti, offriva le sue proprietà ai parenti che a loro volta venivano in questo paese fino a che non potevano stabilirsi per conto proprio.

Ettore aveva capelli biondi e occhi blu e sposò un'immigrata irlandese che era da poco arrivata in questo paese a causa della carestia delle patate in Irlanda. Lei non riusciva pronunciare il suo nome così lo chiamava Charlie. Gli ha insegnato a parlare inglese, quindi naturalmente lui parlava con l'accento irlandese. A causa del suo nome, della sua carnagione, e del suo accento, le persone pensavano che fosse irlandese.

Il padre di Maria Rosa, Domenico, fu allevato nella canonica della chiesa di San Sebastiano a Renazzo. Un prete lo portò a Renazzo da un piccolo paese vicino a Ravenna circa centotrenta chilometri sudest di Cento, sulla costa adriatica, dove è nato nel 1832. Era orfano poiché tutti e due i genitori morirono. Lo stesso prete che lo portò a Renazzo lo allevò qui. Il soprannome di Domenico era Mingin. Ora, che cosa significa Mingin? Secondo Gus, significa ricco; Domenico era un uomo ricco. Secondo altri, significa piccolo; Domenico era un uomo piccolo. Secondo Elena, il soprannome di Domenico Mingin era Mingin di Prète. Questo significa, dice lei, "Piccolo Domenico del prete, che viveva col prete in altre parole." Tutte queste traduzioni sembrano plausibili e insieme danno alla luce il patriarca Domenico Ranieri.

Quando Domenico crebbe, aprì un negozio di alimentari e una taverna in una costruzione che ospitava entrambe le attività, uno poteva fare la spesa da un lato e avere qualcosa da mangiare e placare la sua sete dall'altra. La sua costruzione era un edificio in stucco a due piani che ospitava anche la sua famiglia. L'attività era situata sul lato sinistro del piano terra occupando un terzo della casa. La merce era esposta al di fuori e all'interno delle sue porte aperte. L'edificio era situato al di la della strada di fronte alla chiesa e vicino al cimitero. Zia Irma l'ha descritto come un "punto molto strategico."

Ora, come sappiamo, Maria Rosa, era una donna d'affari prima, poi ha nascosto la sua vita professionale dietro a quella di moglie, madre, e casalinga. Lei conduceva e gestiva essenzialmente due stabilimenti. Il negozio di alimentari che ha aperto per il padre era probabilmente nello stesso edificio e sembra che, dopo il suo matrimonio con Ruffillo, sia diventato di entrambi.

Come ho detto prima, all'età di sedici anni, nel 1885 circa, lei e suo fratello Luigi, che all'epoca avrebbe avuto dieci anni,[9] furono mandati da loro padre a Dodici Morelli per aprire un altro negozio di alimentari. Qui lei conobbe Ruffillo Alberghini. Il padre di Rosina non era favorevole all'incontro, pensando forse che Ruffillo non fosse abbastanza per sua figlia quindi, secondo Gus, loro fuggirono il 23 Aprile 1888. Gus si ricorda:

GUS   Il padre di tuo nonno. Domenico Mingin. Un
            uomo basso, piccolo, molto coraggioso da
            quel che mi ricordo. E mi ricordo tua nonna
            mentre lavorava nel negozio e poi a quel
            tempo io avevo circa quattro anni. Qualcuno
            entrò e vide mio padre, mentre stava parlando
            di lavoro, e ricordo che disse 'sapete cosa?
            Ruffillo è scappato con Rosa!' Tuo nonno, era
            andato con Rosa, tua nonna. Ma Mingin non
            voleva tuo nonno, non voleva nemmeno che
            le parlasse. Quindi lui l'ha rapita! L'ha rapita!

Mentre metteva al mondo e cresceva i suoi figli –Edvige (1), Luigi (Louis), Cirillo, Romeo, Edvige (2), Nando, e Ada – Maria Rosa continuò a gestire il negozio di alimentari e il ristorante, che è stato aggiunto come nello stabilimento del padre a Renazzo. In primo luogo, nella casa in cui è stata aperta l'attività originale, la casa dove è nato Nonno, poi nel primo edificio costruito da Ruffillo. Questo stabilimento è stato chiamato Caffé Alberghini.

L'edificio di tre piani ospitava il negozio di alimentari e il ristorante al piano terra, e anche un caffè all'aperto. La famiglia viveva al primo piano e i giovani figli di Maria Rosa andavano nel negozio ogni giorno e sono cresciuti lì mentre lei lavorava. L'edificio era tipico europeo, da come lo descrive la Zia Irma, aveva al centro un corridoio aperto che portava dalla porta anteriore dell'edificio verso la porta posteriore.

Maria Rosa era responsabile della supervisione e dell'ordine dei rifornimenti necessari sia per il negozio che per il ristorante. Cucinava il cibo per il ristorante. Le salsicce che serviva venivano fatte con la ricetta personale della sua famiglia che ha ricevuto da suo padre e che era famosa per chilometri attorno. Allo stesso tempo, la famiglia allevava anche i maiali per fornire gli ingredienti necessari. Le ricette erano segreti profondamente custoditi; in particolare quella dei salami e non erano condivise con le altre persone. La famiglia viveva, in parte, grazie alle salsicce e ai salami di Maria Rosa e condividere la ricetta avrebbe sicuramente portato via un po' del loro sostentamento. Comunque, per tenere l'attività viva, e mantenere le tradizioni, una persona in ogni generazione a venire era selezionata per ricevere la ricetta e le veniva insegnato come fare. Maria Rosa ha passato la sua ricetta al Nonno che ha passato la ricetta e l'ha insegnata ad una persona selezionata in ognuna delle due generazioni successive della famiglia. Ora, avendo scelto Nonno per ricevere la ricetta dei salami, una volta che si era in trasferito in America, probabilmente lei passò sopra alla regola e insegnò a Nando come fare i salami, poiché seguiva la gestione dell'attività. Se le ricette venivano condivise c'era di solito un ingrediente mancante o due per assicurarsi la conservazione del segno distintivo della specialità di famiglia e, quindi, il lavoro.

Di tutti i membri nella famiglia del Nonno, Maria Rosa era quella che gli scriveva più frequentemente. Sono sicura che fosse il suo ruolo di madre, ma a quanto pare, gli altri si sentivano come se li avesse abbandonati quando ha lasciato l'Italia per la seconda volta. Dopotutto c'era un'azienda di famiglia da mandare avanti. Nonno, comunque, non ha abbandonato gli affari di famiglia. Anche se era negli Stati Uniti, è riuscito ad amministrare le proprietà di sua madre, quando è morta, e quelle della famiglia successivamente alla morte della sorella più grande Edvige, e dei fratelli Nando e Romeo. Maria Rosa deve aver avuto fiducia nel giudizio e nell'intelligenza del suo figlio maggiore poiché ha mandato anche a lui copie dei contratti che ci sono stati all'interno della famiglia. (Questo, oltre al fatto che li abbia conservati, fornisce una prova significativa dei loro caratteri.) Qualsiasi siano state le sue ragioni, ci ha fornito informazioni molto importanti per quanto riguarda la nostra famiglia.

Una lettera che ha spedito nell'Ottobre del 1919 dà un'idea di come dovesse essere la vita dei commercianti sia prima che dopo la prima guerra mondiale, per esempio i prodotti necessari per svolgere la loro attività venivano razionati. Insieme ad altre interessanti informazioni che ritraggono la vita nel loro paese ci sono queste informazioni sui fratelli del Nonno: Romeo è stato congedato dall'esercito; Nando era convalescente a casa per un incidente militare – è caduto fuori dall'aeroplano mentre volava (!) e, insieme fornivano l'intrattenimento la sera al Caffè Alberghini dove si riuniva la giovane gente di campagna.

La sua lettera è dopo questa storia. Una copia della lettera scritta a mano da lei in italiano si trova nella sezione in inglese di questo libro. Per favore guardate la lista delle illustrazioni.

Ebbene, io trovo che in questa lettera ogni singolo scenario che descrive la vita a Dodici Morelli sia emozionante. Desidererei esplorarli profondamente in una ricerca per conoscere meglio il paese e la mia famiglia. Tuttavia, ci sono due approfondimenti nella vita delle donne italiane come ritratti da Maria Rosa che io trovo più affascinanti.

Innanzitutto, noterete in cima al listino dei prezzi in accompagnamento che Maria Rosa è la padrona del ristorante Alberghini. Ricordate, era consuetudine per le donne italiane del Nord lavorare al di fuori della famiglia. Questo insieme al fatto che i settentrionali, nelle loro famiglie allargate, lavoravano insieme e partecipavano alle imprese cooperative, ha quindi senso che Maria Rosa fosse la responsabile. Aveva esperienza avendo imparato dal padre, Domenico, che aveva fondato e condotto l'attività di famiglia a Renazzo. Successivamente lei aveva aperto e gestito il negozio di alimentari tre anni prima di sposare Ruffillo. È anche plausibile che, data la provenienza, fosse più di colei che lo gestiva. Sembra probabile che Ruffillo fosse un prestanome e Maria Rosa la forza trainante dietro le quinte. Tutto questo è successo tra il 1885 e il 1919 e, tenete a mente, che lei gestì l'attività fino a che non morì nel 1943. Si tratta di oltre cinquant'anni da commerciante e donna d'affari! È stata questa un'anomalia per le donne italiane in quest'epoca? Com'è in confronto con le donne d'affari in America durante lo stesso periodo?

Il secondo affascinante approfondimento dalla lettera di Maria Rosa riguarda lei e le donne italiane: è la legalità dei loro cognomi, che mantengono per tutta la vita. Condotta da – Ranieri Maria Rosa. A differenza della tradizione americana dove le donne prendono il cognome del marito dopo il matrimonio, le donne italiane, allora e adesso, tengono il nome di battesimo.

Ora, questo mi ha incuriosita. Volevo sapere di più, e qui mi allontano un po' da Maria Rosa. Perché è questa la tradizione? È in base alla legge? È sempre stato così o è più recente? Qual è la storia del cognome delle donne in Italia? Conservare il loro cognome è legato alla liberazione delle donne o al femminismo?

Non sono completamente soddisfatta di quello che ho trovato; eppure, ho usato una serie di fonti – persone, ricerche su internet, e giornali. La risposta più frequente che ricevo quando faccio ad una donna italiana questa domanda è "è sempre stato così." Questo seguito da "non voglio rinunciare al mio nome, non sono bestiame che deve essere venduto," o "è più facile per il divorzio o per il lavoro" mantenere il mio cognome. Eppure, non sembra essere una procedura legale per le donne cambiare il cognome, rinunciare al loro nome di nascita, per quello dei loro mariti. Nel 1975, comunque, con la riforma del diritto di famiglia "la moglie" poteva aggiungere "al suo nome di famiglia il cognome del marito e tenerlo da vedova, fino a che non si fosse sposata nuovamente."[10]

(È interessante notare che, i campanelli delle porte, come ho potuto notare, in Italia hanno tutti sia il nome della moglie che quello del marito elencati separatamente. Per esempio, il batti-porta al tempo di Maria Rosa avrebbe individuato i proprietari di casa come: Maria Rosa Ranieri e Ruffillo Alberghini.)

Mentre indagavo sull'uso dei cognomi delle donne in Italia, ho cominciato a scostarmi sulla storia dell'uso dei cognomi delle donne nel nostro paese. Mi chiedevo se la gente avrebbe dato la stessa risposta iniziale, se avessi chiesto perché le donne prendono il cognome di loro marito dopo il matrimonio – perché è sempre stato così. Quindi, ho esplorato un po' di storia americana. Leggendo l'articolo di Deborah J. Anthony *"Una sposa con un altro nome,"* mi sono ricordata che la nostra abitudine deriva dalle leggi comuni d'Inghilterra, che si sono modificate nel tempo in modo che le donne tendono a prendere il cognome del marito come proprio. Questa consuetudine in America iniziò a cambiare drasticamente negli anni '70 come una parte del movimento di liberazione delle donne. Eppure, oggi, solo circa il 20% delle donne mantiene il suo cognome e circa il 10% mantiene il suo cognome e aggiunge quello del marito, e il restante 70% continua l'abitudine di prendere il cognome del marito. Mentre ci sono state eccezioni a questa consuetudine, in entrambi i casi appare che l'uso dei cognomi sia stato flessibile nel corso dei secoli in entrambi i paesi.

Torniamo indietro a Maria Rosa, e alla sua clamorosa presenza nella nostra famiglia. C'è ancora molto da imparare su di lei e sul ruolo delle donne italiane sia dalle sue lettere che dalle ricerche future in Italia.

Gigi Carissimo,

dopo tanto tempo oggi ti rispondo. qui si lavora giorno e notte tutti i giorni anche alle feste. E se abbiamo accumulato qualche cosa l'abbiamo fatto [a] forza di lavorare. Adesso poi abbiamo fatto una gran spesa perché a fare poco si spende molto abbiamo accomodato bene il palazzo [d]ove stiamo. Ci [h]a lusingato lo sciopero dei metallurgici che dovevano fare il parapetto della scala, e soltanto oggi ci [h]anno scritto che [h]anno ripreso il lavoro e che incominciano il parapetto che fra un mese sarà ultimata la scala. Ti dirò che per giusta ragione [h] anno [l'amministrazione comunale] dovuto darci tutti i generi che occorrono nel nostro esercizio pasta, farina, riso, lardo, olio, petrolio, forma [formaggio], zucchero, tutti i generi che tiene il nostro gran comune. . . Il resto ce l'abbiamo sempre procurato noi, ma quei generi che ti ho detto erano in potere dei nostri mangioni che sono tutti come porci, e perciò dovevamo rivolgerci a loro, ma ora anche il signor Attilio che lo permette [da il permesso per avere le cose] quel geloso pretende di avere tutto lui. Il nostro negozio ora lavora molto, molto, speriamo che verrà presto libero il commercio così si farà come prima della guerra. Nando è a casa in convalescenza essendo caduto dall'apparecchio [aereo], però da poca altezza e così si è fatto poco male, mi ha portato un apparecchio di metallo lo stesso tipo che vola su lui ed è la trentesima parte [trenta volte più piccolo] del suo apparecchio da cui è caduto, lo tengo per un ricordo, adesso sta bene e tutte le sere suona il mandolino e Romeo la chitarra, così è il reclamo del nostro esercizio che tutte le sere si radunano i giovani del paese, così si vende caffè, liquori, birra, gelati, e vino. Ma Romeo la sua intenzione è di aprire un'officina in un qualche posto se avrà l'occasione anzi dice che starà qui finché sarà congedato Nando, e Nando riprenderà i lavori che fa a casa Romeo. Romeo come già sai è congedato.

Tu dici che è caro il vivere da voi in America, ti mando un listino dei prezzi del nostro mangiare, ora che è meno [costa meno] del tempo della guerra, appunto questo listino l'ho fatto ieri al Dottor Ottani che sarebbe il mangiare di ieri, ora è tornato perché già congedato e fra [pochi] giorni prende moglie.

Vedi il listino, ebbene anche [ad] andare in pensione non si spende poco, si sa che non si spende sempre così, perché alle volte si mangia i fagioli, e non sempre c'è l'arrosto si capisce, ma mantenere una famiglia in questi tempi costa assai. Ieri venne l'Assunta a comperare olio aveva con se una bella boccettina di vetro grosso lavorato, e disse di essere pentita di non avere portato con sé pentole e casseruola di smalto che teneva [aveva] questi e altri pezzi di vetri e ceramiche che qui da noi costano molto, pensa che un bicchiere uguale ai soliti [nostri] che avevamo quando eri a casa tu costa non meno di 5 lire, cinque lire, i bicchieri da sampagn [champagne] costano 30 lire l'uno. Per fortuna che noi non ne abbiamo bisogno, che per ora siamo provvisti. Abbiamo preso due tende belle grosse per la sala al primo piano, costano 500 lire, ma le tende per il salotto a piano terreno di seta rossone [rosso scuro] costano quattrocento lire. Tre tendoni fuori uno nella porta della bottega uno per la trattoria, e uno lo metteremo nell'altra porta quest'altranno che l'abbiamo già preparato e forse ci metteremo anche il 4°, essendoci quattro porte, ebbene anche questi costano quasi 500 lire l'uno ma sono belli e robusti. Abbiamo fatto molte spese perché si lavora per la divisione dei capi così si guadagnerà.

A proposito Ruffillo si è dimesso anche da questa amministrazione, appunto perché essendoci tanta gelosia ora dappertutto, dice che non vuole più entrare in nessun posto. E anche noi abbiamo più piacere perché vedi così Ruffillo cura molto più i suoi affari. [H]a lasciato il gioco, gioca qualche bottiglia gioca in casa sua non più al gambrinus e neanche in altri posti, per ora segue più i lavori di casa.

L'Ada anche quest'anno è stata chiamata a Bologna al convitto per insegnare privatamente ma non [h]a voglia di andarci; adesso vedremo.

[H]ai visto i bei fatti che sono successi? [H]anno vuotato tutte le botteghe a Finale facendo il prezzo loro, davano due soldi a un capitale che poteva costare 5 lire anche in tanti posti, e poi infine ci misero il ribasso del cinquanta per cento. Figurati! Per fortuna che durò pochi giorni! Vedremo come finiremo lo stesso, speriamo pure al bene. Intanto ti bacio assieme a Maria.

Tua Mamma
XII Morelli 2 Ottobre 1919

Ruffillo Alberghini

AH! VENIAMO al vostro trisnonno, il papà del Nonno, Ruffillo Alberghini – un personaggio più interessante e controverso. È nato il 4 Novembre 1864 all'inizio si credeva a Dodici Morelli, ma in realtà è nato nella parrocchia di Dosso, a circa cinque chilometri, sempre nel Comune di Cento, Provincia di Ferrara, Regione Emilia Romagna, Italia. Gus credeva che sia Ruffillo che il Nonno fossero nati nella stessa casa che però, sembra improbabile.

Si sa meno degli Alberghini che dei Ranieri. Nonno è stato l'unico Alberghini nella sua famiglia a venire negli Stati Uniti. Gli altri membri della famiglia Alberghini che vennero in questo paese furono la sorella di Ruffillo, le nipoti e i nipoti. Sua sorella, di cui non so il nome, era sposata a un Govoni in Italia, venne in questo paese vedova e con quattro figli. Si sistemarono a Springfield, una città nella parte occidentale del Massachusetts, dove morì poco dopo. Un'altra sorella di Ruffillo, sposata con uno Sconsoni, rimase in Italia ma due dei suoi figli, Luigi (Louis) e Eduardo (Edward), vennero in America. Louis, amico del Nonno sul manifesto della nave del 1913, si stabilì a Revere, Massachusetts, che come ho già detto è una città vicino a Boston. Edward si sistemò a Holbrook, Massachusetts, una città circa trentacinque chilometri a sud di Boston e vicino a Braintree. Il nostro unico contatto, tuttavia, era con lo Zio Eddie perché lui (cugino di primo grado del Nonno) ha sposato la sorella di Nonnie, Norma.

Ruffillo allora è davvero l'unico antenato Alberghini di

cui sappiamo e rimangono solo i ricordi di quello che ha detto Nonno. La reputazione di Ruffillo come un malandrino e un donnaiolo è riuscita a scivolare giù attraverso le generazioni. Per ragioni sconosciute, è stata recentemente ripresa o ampliata e noi non abbiamo modo di sapere quanto sia vero. Forse, essendo una tradizione orale, a Nonno non era consentito entrare nella sala da ballo di famiglia perché era lì che Ruffillo incontrava le sue 'amiche.' Vedete, le storie di famiglia dicono anche che Ruffillo era lì ogni sera. La sua presenza, di sicuro, sarà stata necessaria dal un punto di vista commerciale, tuttavia, perché Nonno non aveva il permesso di entrare?

Sappiamo, però, che Ruffillo era un imprenditore di successo. Era un proprietario terriero attraverso la *Partecipanza Agraria di Pieve di Cento*[11] e faceva parte della sua amministrazione. Inoltre, possedeva almeno cinque edifici nel centro del paese. Molti durante la sua vita lo considerarono, e ancora oggi è considerato, un uomo molto importante, uno dei collaboratori principali per la vita e l'economia di Dodici Morelli.

La zia Irma afferma che sua moglie, Maria Rosa, era il cervello dietro il suo successo e le ragioni che ho citato in precedenza danno qualche credito a questa convinzione. Ma, se questa famiglia ha seguito le caratteristiche organizzative delle famiglie italiane del Nord, dove il padre era a capo dell'attività, sarebbe, di sicuro, sembrato un commerciante affascinante e un gentiluomo di campagna.

Non si può negare in ogni caso, che Ruffillo abbia saggiamente utilizzato i suoi beni. È possibile che la dote di Maria Rosa, fosse il negozio di alimentari o denaro, sia stata l'inizio del suo benessere. La tradizione orale vuole che la sua famiglia fosse meno abbiente rispetto alla famiglia Ranieri; inoltre, secondo i registri della *Partecipanza* la famiglia era proprietaria terriera fin dal 1499.

Gus pensava che Ruffillo fosse meraviglioso. Dice:

GUS   Tuo nonno era un bell'uomo. Era l'uomo
             migliore di tutto il paese. È stato lui a iniziare

a costruire il paese. Questa costruzione qui
[indicando la fotografia del Caffè Alberghini
sulla cartolina] l'ha costruita lui stesso. E
un'altra prima.

Ruffillo ha contribuito alla crescita della città attraverso i
suoi edifici e le imprese. Il primo edificio era la casa originale del
Nonno e, come Nonno ha descritto a zia Irma, ospitava anche,
al piano terra, il negozio di alimentari aperto da Maria Rosa e
da suo fratello, Luigi. (E 'possibile che, quando Maria Rosa ha
aperto il negozio di alimentari questa fosse la casa dei genitori
di Ruffillo e per questo si sono incontrati?) Un secondo edificio
che Ruffillo possedeva era una serie di case a schiera con circa sei
appartamenti.

Ha aggiunto alle proprietà altri tre edifici da lui costruiti –
tutti simili nel disegno e nella struttura – che erano i più grandi
del paese e ospitavano le attività più importanti. In generale, ogni
nuovo edificio costruito aveva tre piani con la porta centrale da
ogni lato – davanti e dietro; entrando nell'edificio attraverso una di
queste porte, si poteva camminare lungo un corridoio aperto dritto
fino alla porta opposta. In una costruzione si trovavano un alimentari e un ristorante, parzialmente aperti tra di loro, e un caffè all'e-
sterno. C'era una scala aperta che portava al secondo e al terzo
piano, che ospitava Ruffillo e la famiglia di Maria Rosa. Questa era
la struttura nella cartolina conosciuta come Caffè Alberghini.

Un'altra costruzione ospitava una farmacia, un altro caffè, e
appartamenti. È possibile che la maestra di scuola del paese e il
dottore vivessero in questi appartamenti o al terzo piano della casa
di famiglia. So che tutti e due erano in affitto dalla famiglia del
Nonno. La lettera di Maria Rosa lo attesta, ricordando che il listino
è stato compilato per il loro affittuario, il Dr. Ottoni.

L'ultima costruzione fatta da Ruffillo era la famigerata sala
da ballo. La usava anche per lo spettacolo delle marionette e per
speciali balli durante le vacanze. Secondo Gus Govoni, a volte
era usata per immagazzinare la canapa, che "è simile al lino. È

comune coltivarla in Italia e ogni famiglia ne ha un po'." Le donne ricamavano o conciavano la canapa.

Ruffillo fu forte, determinato, ostinato e vanitoso fino alla sua morte, avvenuta nel dicembre 1931. Sapeva come ottenere ciò che voleva. Ha avuto successo nelle imprese cooperative secondo le usanze della famiglia italiana. Le lettere di Maria Rosa mettono in evidenza il suo atteggiamento di disinteresse per quello che dicevano le persone, ma mostra anche che è stato coinvolto nel governo locale, affermando che egli aveva appena rassegnato le dimissioni dall'Amministrazione. La mia foto preferita di lui non mostra nessuna delle caratteristiche di cui sopra. Indossava un completo con una catena dell'orologio oro, un cappello a tesa larga di colore chiaro si trova in cima ad una tranquilla faccia con i baffi. I suoi occhi penetranti sono pesanti di accettazione passiva, come se fosse stato catturato in un momento di distrazione. Un Manifesto nel suo stabilimento da indizi della sua personalità e mostra il suo senso della giustizia e la volontà a spingere il confronto diretto e onesto. Il manifesto di Ruffillo segue questa storia. Ho incluso il manifesto nella forma italiana nella parte in inglese di questo libro. Per favore guardate la lista delle Illustrazioni.

In questo manifesto, Ruffillo sta sfidando il prete, Don Giuseppe Cecconi della *Parrocchia della SS.MA Trinità Di Dodici Morelli* ad un pubblico confronto. (Questa è la stessa chiesa che è stata al centro della disputa del paese e che ha portato al soprannome di Tiramola.) La *SS.MA Trinità* era una branca della *Parrocchia di San Sebastiano* a Renazzo dalla sua fondazione nel 1809 fino al 1941. Nell'Ottobre 1941, è diventata indipendente dalla parrocchia e dalla chiesa di Renazzo. Il dibattito di Ruffillo, inoltre, riguardava la chiesa della *SS.MA Trinità* ma era con Don Cecconi, il prete di *San Sebastiano* che serviva anche la chiesa di Dodici Morelli.

Se leggendo il manifesto avete l'impressione che Ruffillo fosse anticlericale poiché era disposto ad un dibattito con Don Cecconi, io prima vi avrei detto che avevate ragione. Tuttavia, quando ho visitato l'Italia di recente, ho imparato che era altamente improbabile che Ruffillo lo fosse. Se lo fosse stato sarebbe stato contro i principi dell'associazione dei proprietari terrieri della *Partecipanza Agraria* di cui faceva parte Ruffillo. È più probabile che Ruffillo stesse difendendo la sua reputazione. La reputazione di una persona era molto importante; significava tutto per un uomo o una donna e la sua famiglia. Il prete lo aveva attaccato e facendolo aveva screditato non solo Ruffillo, ma tutta la sua famiglia, una situazione intollerabile per una famiglia di tale rilievo. L'intento del dibattito pubblico, poi, avrebbe potuto essere di lasciare che il sacerdote e tutta la città sapesse che non era contro la chiesa, piuttosto era un uomo con un'idea credibile come qualsiasi altro suggerimento per la chiesa e degno di essere ascoltato.

Indipendentemente, l'anticlericalismo in Italia esisteva ed era più popolare nel nord rispetto al sud e alla Sicilia. Nel nord Italia, il comunismo (o Marxismo/socialismo come era nel 1912) è riuscito a prendere piede. Il pensiero del nord, inoltre, è stato influenzato da ideologie diverse dalla Chiesa. Inoltre, la Chiesa aveva una storia di ingerenza negli affari del governo o, per meglio dire, ha cercato di essere il governo.

Il comunismo non è diventato efficace in Sicilia e nel Sud Italia a causa dell'atteggiamento prevalente dei siciliani di guardare "ai propri interessi e non agli interessi del gruppo."[12] La Democrazia Cristiana, il partito politico della Chiesa, era più produttivo lì e ha influenzato le donne piuttosto che gli uomini. Sarete in grado di capire perché quando leggerete della famiglia del Nonno Guarino in Sicilia.

Per come la vedo, comunque, l'anticlericalismo deriva dalla filosofia umanistica che si è concretizzata nel XV secolo. Questi atteggiamenti hanno trasformato "l'immagine medievale del mondo con Dio al centro nella prospettiva orientata all'uomo del Rinascimento" e oltre.[13] Questi atteggiamenti umanistici, fondati sull'importanza dei valori umani, erano in contrasto con la dottrina gerarchica della Chiesa e, di conseguenza, un'altra base per questa tensione. Gli italiani, ad ogni modo, hanno avuto esperienze con i sacerdoti, come ha fatto Ruffillo dichiarandolo nel suo manifesto, questi "sfruttavano la loro funzione di sacerdote."

L'anticlericalismo prevalse anche negli italo americani. Le convinzioni cattoliche portate dagli immigrati italiani dalla loro terra natale si sono scontrate con quelle che gli immigrati irlandesi-cattolici avevano già stabilito qui. In generale, gli irlandesi vedevano il sacerdozio come speciale e un gradino sopra i laici. Molti italiani si aggrapparono alla loro immagine del sacerdozio e del genere umano.

Anticlericalismo a parte, Ruffillo aveva ragione a sentirsi offeso. Era chiedere troppo, come essere umano, di essere trattati con onore?

Il Manifesto di Ruffillo

Compaesani!

Il Molto Reverendo Illustrissimo Professor Don GIUSEPPE CECCONI approfittando dell'ufficio di sacerdote, nella chiesa di Dodici Morelli ha espresso molte accuse che ritengo a mio carico circa l'opposizione che avrei fatta per l'allargamento della chiesa. Ora siccome questo è falso io che tengo alla mia dignità di uomo e di cittadino, gli ho scritta la seguente lettera:

Reverendo Signore

"se Ella tiene alle sue opinioni e quindi ne ha il coraggio necessario per riaffermare quanto ha detto nella chiesa di DODICI MORELLI e che ritengo a mio carico per l'opposizione che avrei fatto per l'allargamento della chiesa, La invito in tempo a rispondermi in pubblico contradditorio che quanto prima terrò in DODICI MORELLI stesso."

Così, compaesani avrete modo di giustificare se io sono indegno di stare fra di voi.

Dodici Morelli, 5 Maggio 1912.

Alberghini Ruffillo

Giuseppe Guarino

HO INCONTRATO per la prima volta i vostri bisnonni, Nonno e Nonna Guarino, in una domenica pomeriggio nel seminterrato della loro casa a East Boston, che è un quartiere di Boston, Massachusetts. Tuo padre ed io abbiamo guidato fino alla collina di Trenton Street e parcheggiato davanti alla scuola elementare Roe Hugh O'Donnell. Dall'altra parte della strada c'era una casa a tre piani marrone scuro con una recinzione in ferro dipinta di verde brillante, con il passaggio pedonale alla sua sinistra. Siamo passati attraverso il cancello verde e siamo arrivati a una porta che sembrava una finestra. I suoi bordi erano dipinti dello stesso verde della recinzione di ferro. Abbiamo tirato e aperto la porta a zanzariera, abbassato la testa (anche io, per quanto sia bassa, ho dovuto abbassare la testa) e siamo arrivati sul primo di sei traballanti gradini.

Eravamo ora nella sala delle caldaie, una sala scura con un appendiabiti e un gradino sopra c'era un bagno. Alla fine delle scale sulla sinistra, però, c'era una stanza così incantevole da lasciarmi senza parole. Plafoniere luminose ti accecavano dopo aver camminato nel buio. I muri erano coperti da pannelli marroni che erano abbelliti da fotografie. Mi colpirono sia la tovaglia a scacchi bianchi e rossi che copriva una tavola lunga come la stanza sia il forte rumore di voci italiane.

Ero ipnotizzata. Era italiano? Pensavo di essere italiana! Non avevo mai sperimentato una cosa del genere nella mia vita. Non sapevo nemmeno che esistesse una vita come questa! La stanza era piena di persone, persone attorno alla tavola, persone al lavandino, dalla stufa, e in piedi ovunque ci fosse posto. C'erano tre generazioni di cugini di primo grado. Ognuno era lo zio, la zia, la madre, il padre, il fratello, la sorella, la nipote, il nipote, il figlio, la figlia, il primo o secondo cugino di qualcun altro, così via e così via. Tutti urlavano. Parlavano inglese solo per i comandi – siediti, mangia, "da dove viene la tua famiglia?"

Io non sapevo da quale parte dell'Italia venissero i miei nonni. A quel punto, non riuscivo nemmeno a ricordare chi fossero i miei nonni. Ho sentito tua Nonna, la mia futura suocera, dire qualcosa in italiano; dopo una piccola risata di tutti fui dimenticata. Ma andava bene. Io mi sono semplicemente seduta e guardavo e ascoltavo. Allo stesso modo mi sono seduta a guardare e ascoltare quando l'intera famiglia era insieme un'ultima volta in questa stanza dopo il funerale della Nonna Guarino. Ormai non mi sentivo più sopraffatta. Ero una parte della famiglia ed era abbastanza sapere che ne facevo parte. Ma ero ancora sbalordita dal frastuono dell'italiano e dalla tovaglia a scacchi bianca e rossa.

Quindici anni dopo questo primo incontro sono diventata ben consapevole delle differenze delle nostre famiglie. Le occasionali visite della domenica che seguirono la prima furono tutte uguali. Dopo brevi 'saluti,' sparivo nello sfondo diventando tutt'uno con il legno. Tua nonna ridendo rimarcava che provenivo dalla "parte sbagliata dell'Italia." Ricordate in precedenza in questa *Lettera*, quando ho menzionato le differenze tra settentrionali e siciliani, in particolare per quanto riguarda l'educazione e la descrizione di Nonno Guarino in cui dice che gli abitanti del nord Italia credono di essere Dio in terra? Bene, anche se non avevo capito il significato di tale differenza, all'epoca, le sue conseguenze hanno influenzato l'accettazione della famiglia della mia relazione con vostro padre e come italo americana del nord Italia. Non ero considerata una donna adatta a lui, una che lui potesse sposare.

Poi una domenica successe qualcosa di diverso. Le voci italiane non sembravano così forti. I saluti durarono più a lungo e il mio posto è stato spostato più vicino all'inizio del tavolo. Tua

Nonna l'ha spiegato. Mio Nonno, Luigi (Louis) Alberghini, essendo un uomo di affari nei negozi di alimentari per la catena di Gloria, comprava la carne, i salumi, e le salsicce dal Nonno Guarino che gestiva un'attività di imballaggio delle carni nel North End di Boston chiamata "Providence Packing Company," compagnia di imballaggi Providence. Le famiglie si 'conoscevano' l'una con l'altra e lavoravano l'una con l'altra. La nostra relazione quindi fu accettata. Non ho mai provato fino ad ora credo, di capire le differenze nelle nostre provenienze. Eppure, sono contenta di aver finalmente pensato di farlo. Vedo che questa baraonda di parenti dava a tuo padre un chiaro senso della propria identità. E le storie dei suoi nonni sono ora per me così fantastiche come quelle dei miei.

Nonno Guarino, come sopra annotato, aveva la sua attività: la compagnia di imballaggi Providence. Eppure, gli ci vollero più di trent'anni di duro lavoro in America per raggiungere questo apice. Tutti gli immigrati si sono realizzati da soli in un modo o nell'altro. Migrando in un nuovo paese, si sono reinventati nella speranza del successo economico e della felicità. Nonno Guarino incarna questa massima, di essere un uomo che si è fatto da solo. Venuto in questo paese dall'estrema povertà e analfabeta, divenne autodidatta e lavoratore autonomo. La tradizione orale e qualche documento storico indicano che ha lavorato come operaio in diverse fabbriche, facendo salsicce, come pescatore nel periodo della storia americana conosciuto come la Grande Depressione, e di nuovo facendo salsicce e salami per diverse società, da come descrive la Nonna in una recente telefonata, "Su e giù per quella distesa di aziende nel North End" di Boston. Ha deciso di avviare la sua azienda intorno al 1947, sotto una nuvola di critiche da parte di persone che credevano che non ce l'avrebbe mai fatta, che non avrebbe mai avuto successo. Eppure ha costruito la "Compagnia di Imballaggi Providence," un impero di successo, dove per quarant'anni hanno lavorato tre generazioni di Guarino.

Giuseppe Guarino, il vostro bisnonno, è nato il 27 Novembre 1894 a Marsala, Comune di Trapani, Provincia di Trapani, Regione Sicilia. Era il secondo più vecchio di cinque figli nati da Giacoma

Giglio e Salvatore Guarino, i cui figli erano Maria, Giuseppe, Antonio, Francesco e Giacomo. La sua famiglia era contadina. Tutti i siciliani erano contadini, eccetto i ricchi proprietari terrieri e i e funzionari governativi corrotti. I Guarino vivevano in una casa di tre stanze, e usavano bene la loro terra. Nonno descrive la sua casa:

NONNO   La mia casa. La mia casa era un bel posto e una bella casa. Mia madre aveva un pezzo di terra così, c'era una strada qui e poi girava in questo modo [semicerchio]. Quindi noi eravamo circondati ovunque da muri di pietra. Non cemento o cose simili – pietre. L'abbiamo costruito noi. Poi avevamo una, due, tre piante di arance e di limoni, un albero di pere su un lato come questo. Avevamo un pozzo nel retro della casa.

E poi mio padre aveva scavato un grosso buco quadrato, direi di circa tre metri che usavamo per tenere i conigli. I conigli facevano buchi per entrare e noi li usavamo per lanciargli l'erba. Se volevamo prendere un coniglio da mangiare, chiudeva i buchi e mio padre andava giù e li prendeva e basta, proprio così. Mia madre allevava i polli, le anatre, le oche, i tacchini. Avevamo solo tre stanze. Noi maschi non eravamo mai a casa. Ci stavano mia sorella, mia madre e al massimo mio padre. Noi non c'eravamo mai.

In Sicilia i ragazzi andavano a lavorare invece di andare a scuola. Ricordate che un'educazione non era così disponibile lì come lo era nel nord Italia. La povertà non permetteva le scuole nei terreni agricoli e anche se c'erano scuole, la famiglia del nonno non poteva permettersi il lusso di comprargli i fogli, le penne e i libri. Quindi andò a lavorare.

NONNO   Lavoravamo in un allevamento e stavamo
         lì. Andavamo a casa, per esempio, una volta
         al mese. Quando ho iniziato non avevo
         nemmeno nove anni. Andavo a casa ogni
         quattro mesi. Rimanevo a casa per tre giorni.

         L'allevamento si spostava. Certe volte
         era a otto chilometri da casa, altre a quindici.
         Andavamo dove c'era un po' d'erba (a pasco-
         lare) poi ci dovevamo spostare in un altro
         posto. E stavamo lì altri quattro o cinque
         mesi. Il momento in cui stavamo di più in
         uno stesso posto era l'inverno perché c'era più
         erba. Le pecore, le mucche avevano bisogno di
         molta terra. Ma durante l'estate continuavamo
         a spostarci.

         Era Bastiano Tumberello che possedeva
         l'allevamento. Sì, lui era un vecchio truffatore.
         Sì, questo è il motivo per cui è diventato ricco.
         Le persone che cercavano erano bambini.
         Sì, tutti volevano bambini. Quando sono
         cresciuto, se mi pagavano di più io andavo
         a lavorare con loro. Ti assumevano per un
         anno. Se eri bravo e eri soddisfatto di quello
         che ti davano, rimanevi un altro anno. Ho
         lavorato dal 1903 al 1913 in quattro posti. E
         l'ultimo era il migliore dei lavori che io abbia
         mai avuto, un tizio aveva un allevamento. Io
         ero il fornitore. Sì, prendevo la roba dall'al-
         levamento e la portavo al proprietario e c'era
         sempre poca strada la maggior parte delle
         volte. Andavo con un cavallo ed erano due ore
         correndo o meglio se c'era bel tempo. Durante
         l'inverno ci voleva di più.

In altre parole, il Nonno era un mandriano e dopo un

addomesticatore di mucche. I ragazzi venivano lasciati a badare gli animali nei campi mentre gli uomini, come faceva il Nonno quando era più grande, gestivano le forniture e ritiravano la merce, il latte, la carne, etc., per poi fare ritorno all'allevamento. Questo era il tipico stile di vita siciliano. Il proprietario del terreno per cui il Nonno lavorava diventò ricco perché era un truffatore. Ma questo era il modo in cui la maggior parte dei proprietari terrieri diventò ricca. Gli allevamenti e le fattorie erano stati istituiti per la partecipazione agli utili, ma il proprietario divideva i guadagni. Per esempio, solitamente tenevano il 90% e il restante 10% lo dividevano tra gli impiegati.

Danilo Dolci, nato nel Nord Italia e trasferitosi in Sicilia all'inizio del 1950, trovò le condizioni praticamente invariate dopo più di quarant'anni dall'epoca di nonno Guarino. Un'attivista della giustizia sociale, come lo chiameremmo oggi, Dolci viveva e lavorava con i pescatori e i contadini, imparando i loro mestieri e conoscendo la loro "lotta alla sopravvivenza."[14] Il suo lavoro ha portato, in parte, a ritrovare le loro voci, e ha registrato le loro storie così come le dicevano a lui. Nel suo libro *Vite siciliane*, racconta la storia di Santo un affittuario. Santo e nonno Guarino, lavoravano la terra in province vicine – Nonno nella Provincia di Trapani, Santo nella Provincia di Palermo – raccontano storie simili dei proprietari terrieri truffatori.

Santo ha combattuto con il suo proprietario terriero quando è arrivato il momento di "regolare i conti" sui prodotti che aveva coltivato con tanto duro lavoro. Quando egli "avrebbe protestato un spartizione sleale, il proprietario sarebbe saltato su dicendo, buona fortuna, ci vediamo dopo." Santo aveva appreso di una legge che proclamava che i prodotti ricevuti andavano divisi 60-40. Ha organizzato, come meglio poteva, i suoi compagni fittavoli contro il padrone e ha protestato per le ingiustizie di partecipazione agli utili. Nel corso degli anni, la distribuzione poteva variare da qualunque cosa volesse il proprietario terriero a un occasionale cinquanta per cento. Santo alla fine ha ottenuto un accordo corretto del sessanta-quaranta percento, anche senza il benestare della legge e il sostegno del governo; i funzionari del governo lavoravano segretamente con i proprietari terrieri. Successivamente è riuscito a realizzare il suo obiettivo dopo più di dieci anni di lotta con il proprietario del terreno, venendo picchiato, imprigionato almeno due volte, combattendo lo sfratto dalla sua casa di paglia e allontanando i tentativi del proprietario terriero di corromperlo alla fine della sua crociata. Ma la distribuzione legale del sessanta-quaranta percento restò solo un anno; Santo e i suoi compagni fittavoli erano troppo stanchi per combattere il proprietario del terreno e il governo di nuovo da capo.[15]

L'esperienza di Santo probabilmente rispecchia quella dell'allevamento dove lavorava il Nonno Guarino, anche se sono sicura che ci fossero alcune differenze. Eppure, la storia di Santo ha aperto una finestra nella mia mente attraverso la quale è entrata una comprensione dell'ambiente nei giorni in cui l'allevamento era in mano al nonno e alle condizioni in cui ha lavorato.

Il Nonno aveva riscontrato altre ingiustizie nella vita in Sicilia. Oltre ai proprietari terrieri e ai funzionari di governo, i sacerdoti hanno approfittato troppo del popolo. Ma i preti avevano più successo con le donne che con gli uomini. Convincevano le donne, lavorando sulle loro preoccupazioni per le loro famiglie, che dare ai sacerdoti avrebbe potuto portare alle loro famiglie buona fortuna. La religione italiana, anche se cattolica, è una miscela speciale di "usanze pagane, credenze magiche, pratiche maomettane, dottrine cristiane e soprattutto del pragmatismo contadino."[16] Il pragmatismo contadino dice, 'se qualcosa funziona, usalo.' Aveva senso allora per le donne comprare le 'assicurazioni' per le loro famiglie. Certamente non hanno mai smesso di rendersi conto che la loro fortuna non era molto buona. Pensavano solo a come le cose potessero andare peggio se non avessero comprato la sicurezza della loro famiglia.

Ricordate che l'anticlericalismo esisteva anche in Sicilia, ma soprattutto tra gli uomini scettici dei preti. Vedevano che essi usavano il loro ufficio a loro vantaggio. Nonno spiega il suo cinismo:

NONNO   Non mi interessa dei preti, ti dirò la verità. Dopo la messa andavano in giro da chi aveva – oh povere persone ignoranti, sai cosa intendo. Le persone molto povere gli davano le uova. Chi aveva vino gli dava una bottiglia di vino. Chi aveva frutta gli dava la frutta. Ed era solito fare nel quartiere venticinque o trenta famiglie. Quindi faceva la spesa per la settimana e tornava di nuovo in città. La settimana successiva sarebbe tornato a fare lo stesso percorso.

Il Nonno ha visto come la povertà dominava le loro vite. Non credeva nella dote, per esempio, perché obbligava le persone a fare debiti. Ne aveva sentito anche lui il peso. Da quando aveva otto anni e aveva iniziato a lavorare, parte dei suoi guadagni erano confluiti nella dote di sua sorella. Quando è cresciuto voleva un bel vestito e lui sentiva di meritarne uno. Sua madre e suo padre ripetevano "non ti preoccupare, quando tua sorella si sposerà ti compreremo un bel vestito."[17]

Il momento era arrivato. La famiglia dell'uomo con cui sua sorella si sposò non chiese la dote, erano benestanti. Ma la madre di Nonno, Giacoma, disse "questa è l'unica figlia che ho."[18] Voleva provvedere a lei con una dote anche se significava indebitarsi. E fece entrambe le cose, indebitarsi e provvedere alla dote.

Ma allo stesso tempo lei, il marito e il Nonno andarono a comprare il suo completo. Lo portarono in un negozio e gli mostrarono un vestito economico ma non gli piaceva. Sulla strada per il secondo negozio passarono davanti ad un altro negozio di vestiti con un completo in vetrina, il modello che cercava il Nonno. "No, no, no costa troppo" dissero i suoi genitori. A lui non piacque neanche il secondo completo che gli mostrarono. Sono andati avanti e indietro. Infine, ha detto "Non compratemi niente. Se mi volete comprare un completo economico io non lo voglio. E se esco da questo maledetto putiferio non ci torno mai più."[19]

Bene, il Nonno ebbe il completo che voleva e lasciò la Sicilia. All'inizio era diretto in nord Africa, ma sua madre, non volendo che se ne andasse, lo convinse che li tutti avevano i 'pidocchi.' Nonno aveva una condizione della pelle già delicata quindi ha deciso di andare negli Stati Uniti. Andò in treno da Marsala a Palermo. A Palermo comprò un biglietto in terza classe sul vascello PALERMO ("una barca che era usata per portare i cavalli dal Sud America all'Europa"[20]). Lasciò la Sicilia il 10 Luglio 1913, e arrivò a Boston, Massachusetts il 27 Luglio con 25 dollari in tasca. Era diretto dal fratello di sua madre, Vito Giglio a Cambridge, Massachusetts, una città vicino a Boston. Era alto un metro e settanta circa con i capelli e gli occhi marrone chiaro e un colorito roseo. Ed era in buona salute. Se così non fosse stato, sarebbe stato rimandato indietro in Italia. Gli immigrati che viaggiavano in terza classe non erano accettati in questo Stato se erano disabili o ammalati.

Una volta qui, il Nonno non è più tornato indietro. L'unica volta che si è avvicinato è stato quando il Console Italiano lo ha convocato per un esame fisico per servire nell'esercito italiano. Il Nonno era stato qui un anno e mezzo e aveva guadagnato appena i soldi per vestirsi. Suo zio scrisse al Console Italiano chiedendogli il permesso per il Nonno di stare negli Stati Uniti un altro anno. Voleva risparmiare denaro in modo che la sua famiglia sarebbe stata meglio quando fosse tornato. La lettera del Console Italiano ha notificato al Nonno che la sua richiesta era stata negata. Il Nonno, rifiutandosi di tornare in quella povertà, ha aperto la sua stufa a carbone e ha bruciato tutti i suoi documenti, incluso il passaporto. "Se loro [il governo italiano] lo vogliono," disse, "lasciateglielo dimostrare e fare tutte le pratiche burocratiche e che mi inseguano." In altre parole, lasciategli dimostrare che fosse italiano e, se ci fossero riusciti, sarebbero dovuti andare e prenderlo.

All'inizio della prima guerra mondiale credo che il Nonno volesse tornare e combattere per l'Italia. Ma suo zio gli disse, "sei stupido se vai. Loro [le persone in Italia] devono chiedere i vestiti, devono chiedere per tutto," disse "qui loro hanno tutto."[21] Quindi il Nonno entrò nell'esercito degli Stati Uniti. Era nella seconda divisione del 23° reggimento stazionato in Francia. Era orgoglioso di servire il suo paese adottivo. A novantun anni poteva ancora raccontare le cinque maggiori battaglie che ha combattuto come soldato di fanteria inclusa, da come lui racconta la storia, anche la foresta delle Argonne. E ogni anno va alla riunione del 23° reggimento a San Francisco.

Dopo l'esercito, tornò a lavorare, andò a fare salsicce e lì incontrò la Nonna. Alla fine, come ho menzionato, ha fondato la sua impresa, la Compagnia di Imballaggi Providence, e l'ha trasformata in un'attività di famiglia quando i suoi figli sono diventati grandi. A novantaquattro anni, viveva ancora da solo nella stessa casa marrone di tre piani e passava le sue giornate, fino a quando non è morto nel Luglio 1989, curando il giardino portando avanti il segreto matrimonio italiano con la Madre Terra.

Anna Giacalone

LA VOSTRA bisnonna, Nonna Guarino, è nata Anna Giacalone il 7 Dicembre 1898 a Marsala, Comune di Trapani,
Provincia di Trapani, Regione Sicilia, Italia. I suoi genitori, Francesco Giacalone e Michela Tumberella,[22] avevano sei figli.
Questi bambini erano Vito, Angelo, Giuseppina, Angelina, Vita e
Anna. Suo padre è morto attorno al 1915, lasciando sua madre
senza un soldo e con due figlie ancora da sposare, una delle quali
era la tua bisnonna. I suoi fratelli erano nell'esercito e non erano
in grado di mandare abbastanza soldi a casa per supportare la
famiglia.

Nonna lavorava come apprendista sarta. I siciliani e i meridionali che erano apprendisti solitamente erano orfani. Lo stato
di indigente della nonna era equiparabile a quello di un orfano.
L'unica speranza di sopravvivenza di un orfano era di trovare un
apprendistato che fornisse la formazione professionale, i pasti, e,
in alcuni casi, un posto in cui vivere. Ma i 'maestri' approfittavano
di queste situazioni e pagavano salari veramente bassi. La madre
della Nonna alla fine disse "se non devi fare niente, è meglio che
tu vada in America."[23]

Quindi, la Nonna con sua sorella Angelina e suo marito,
Angelo Giacalone (un lontano cugino), e loro figlio Giuseppe,
lasciarono la Sicilia per andare in America. Uno dei suoi fratelli le
pagò il biglietto. Arrivarono a New York nel Marzo 1919 e trascor-
sero un mese a Brooklyn, New York con lo Zio Lorenzo, loro zio,
prima di trasferirsi a Boston, Massachusetts.

Una volta qui in America e vivendo a Boston, Anna Giacalone continuò il suo lavoro di sarta, ma solo per un breve periodo,
anche dopo che si era fidanzata con il Nonno. Il Nonno raccontava di averle trovato un lavoro come sarta con la signora Rosina
Scurto, che aveva la sua attività all'angolo tra la Prince e l'Han-
nover Street a Boston. Successivamente l'attività si spostò a Salem
Street, ma la Nonna smise di lavorare quando si sposò.

Nonna assomiglia allo stereotipo della mamma italiana come
è visto in questo paese. Anche un esterno, avrebbe certamente riconosciuto la sua posizione di "Ministro degli affari interni" secondo
la descrizione di Gambino (1974). Lei dava la vita alla sua famiglia
e alla famiglia estesa. La sua presenza ha continuato a influenzare
le decisioni di famiglia anche dopo la sua morte.

Nonno ha incontrato Nonna mentre accompagnava sua zia e
suo zio a casa di Angelina e Angelo Giacalone a fare visita ad un
amico comune di Marsala. Nonno parla del loro incontro:

NONNO   Mamma era vestita di nero e aveva il bimbo
della sorella in braccio, nelle sue braccia
così. Quindi non so, mi hanno presentato.
. . Quindi le donne hanno iniziato a parlare
ancora e ancora. Così, quando andai a casa
lei disse 'questa ragazza è adatta a te.' Io dissi,
'Accidenti, vuoi darmi anche una vedova ora?'
Perché loro cercavano sempre di farmi sposare
– questa è buona per te, questa è giusta.

Io dissi, 'No, non ho alcun idea di
sposarmi subito.' Avevo ventisei anni e non mi
sono mai fidato molto delle donne, vi dirò la
verità. Sono un uomo libero, si vede. Quindi
mia zia ha detto, 'no. Lei è single. Quell'è il
figlio della sorella. Vuoi che li chiami io?' io le
ho detto di fare quello che voleva. Zia Angelina voleva che lei sposasse un vedovo, pescatore con una barca. Lei non voleva.

Quando loro, quando io avevo detto di sì, [quando l'accordo era stato fatto], non potevo più tornare indietro [da solo]. Quindi la prima volta che ho parlato con mia moglie lei mi disse, 'Se mi vuoi sposare voglio ricordarti che non ho niente. Non ho soldi. Non ho diamanti o anelli, cose d'oro e così via. Non ho vestiti,' disse 'questo che ho addosso è quello che ho.'

Ricordate, il Nonno non credeva nelle doti. Scommetto che fosse anche attratto dalla Nonna per il fatto che non avesse una dote e che ne parlasse. Era contro alle doti perché per crearne una si spingeva la gente povera a fare debiti. Tuttavia, era anche contro perché le famiglie avrebbero messo in mostra le doti delle loro figlie e quello che avevano e lui credeva che fossero cose private.

Inoltre, spesso quello che era nella dote non era quello di cui aveva bisogno una nuova famiglia; almeno non era quello che voleva o di cui aveva bisogno lui. Lui disse:

NONNO   Io, come sai, ero contro queste cose. Poi prima di sposarsi ottengono una serie di vestiti e solo per mostrare tutto. Dodici vestiti, dodici lenzuola, dodici scope, dodici di questo, dodici di quello. Alcuni erano più grandi – sedici. Che diavolo ci faccio con sedici paia – di roba del genere. Poi molte persone non potevano permetterselo e facevano debiti.

Dopo il matrimonio, Nonna fu una moglie, una madre, una casalinga che parlava solo la sua lingua natale, l'italiano. Lei mise al mondo sei figli – Giacoma (Ida), Micelina, Salvatore (1), Salvatore (2), Frank e Mary – e allevò i cinque che sopravvissero; Salvatore (1) morì nell'infanzia. Ha preso possesso della loro casa e vi ha lavorato fino al giorno della sua morte nel mese di Ottobre del 1984.

Purtroppo, posso dire poco di nonna Guarino. Anche se ho apprezzato e rispettato la sua posizione all'interno della famiglia, non ho mai saputo abbastanza di lei o delle usanze siciliane per capirla quando era viva. Mi sono sentita onorata, tuttavia, quando la famiglia mi ha chiesto di scrivere il suo elogio funebre. Col senno di poi, mi rendo conto che le mie parole non le hanno fatto giustizia. Le ho attribuito il dono dell'ospitalità. Ma lei era colei che dava la vita. Univa i figli, le figlie, i nipoti, le nipoti, le zie, gli zii, i cugini di primo e secondo grado, i *paesani*, l'uno all'altro, attraverso la comunione del cibo, servito sulla tovaglia a scacchi bianchi e rossi.

In chiusura . . .

*P*ROBABILMENTE, FIGLI miei, vi siete accorti delle somi-glianze nelle esperienze migratorie dei miei nonni e dei nonni di vostro papà. Entrambi i Nonni sono venuti in questo paese nel 1913 – per rimanere. Quando ho chiesto a Nonno Guarino se stava succedendo qualcosa in Italia a quel tempo mi disse 'sì.' C'era siccità e i vigneti si seccavano, colpendo il lavoro delle persone in tutta Italia. Questo non sembra aver toccato i nostri Nonni, ma potrebbe aver indirettamente contribuito alle tensioni e alle circostanze attorno alla loro decisione di partire. Ad ogni modo, nel 1913 c'è stato il picco massimo della migrazione italiana quando oltre 400.000 persone hanno lasciato l'Italia per gli Stati Uniti.

Entrambi gli uomini sono stati in questo paese un tempo relativamente lungo (Nonno – cinque anni e mezzo e Nonno Guarino – sei e mezzo) prima di sposarsi. Il successo, a quanto pare, deve essere stato nelle loro menti più del matrimonio. Non a caso, quando i vostri bisnonni di fatto si sono sposati, è stato con donne che hanno incontrato mentre erano in visita ad amici e parenti; donne che non avevano conosciuto in Italia, ma che provenivano dagli stessi paesi in Italia. Gli immigrati si riunivano ai familiari nel nuovo mondo e vivevano in comunità che rispec-chiavano la cultura e le tradizioni dei loro paesi in patria. In una strana nuova terra, vivere con e vicino alla gente che condivideva le stesse abitudini offriva loro una familiarità e un conforto che gli forniva un senso di sicurezza per iniziare una nuova vita.

Entrambi i vostri bisnonni erano forti padri di famiglia. Nonno Guarino ha conosciuto, in Italia, le condizioni che colpivano l'intero nucleo familiare. Per esempio, era contro le doti o le tradizioni che spingevano una famiglia alla povertà. È evidente per me che Nonno era a conoscenza di circostanze che avrebbero potuto disgregare il nucleo familiare, in particolare relative alla fiducia e alle interazioni tra i membri della famiglia. Tutti e due, inoltre, portarono in questo paese il primario valore della *famiglia*, ma hanno trovato, per il loro modo di pensare, modi migliori per conservare la sua struttura. Ed entrambi gli uomini erano nel commercio alimentare, che credo dimostri l'importanza che riconoscevano al cibo come comunione e conservazione della *famiglia*.

Ci sono somiglianze anche nelle storie delle vostre bisnonne – Nonnie e Nonna Guarino. Nascoste all'ombra dei mariti, soddisfacevano il loro ruolo di origine come centro della *famiglia*. Preparavano il cibo che servivano come comunione della famiglia, davano la vita, per la famiglia, gli amici, e i loro *compaesani* italiani. Accoglievano le persone nelle loro case, generando comunione attraverso il cibo, la conversazione, e la celebrazione dell'amicizia, adempiendo così ai ruoli ampiamente descritti da Gambino (1974) come "Il centro della vita del loro intero gruppo etnico."[1] Nonnie avrebbe ricevuto le persone nella sua accogliente sala da pranzo e, col bel tempo, al di fuori sotto il loro pergolato d'uva con il caminetto in mattoni, il cui scopo era proprio quello di ricevere e intrattenere gli ospiti. Nonna Guarino riceveva le persone attorno alla tavola adornata della tovaglia a scacchi bianca e rossa nel loro seminterrato. Il loro seminterrato era anche indicato come "clubhouse." Vivevano in un grande quartiere affiatato nell'East Boston con persone da Marsala e altre parti della Sicilia, *paesani* che si raccoglievano per una varietà di eventi, tra cui aiutare la bisnonna a inscatolare i suoi pomodori fatti in casa, un evento che era considerato "davvero un grosso affare," secondo la Nonna, e che ogni hanno veniva anticipato.

Entrambe le donne, certamente, erano cuoche eccellenti. Infatti, Zia Irma ha detto che Nonnie doveva semplicemente "sollevare il coperchio della pentola e sentire l'odore" di quello che stava cucinando per sapere se avesse bisogno di più sale, più pepe, altri condimenti o di aggiustare gli ingredienti. Non doveva assaggiare per sapere se era cotto alla perfezione, come ad esempio le bistecche che cucinava all'esterno sulla griglia. Queste venivano testate con il tocco leggero del suo pollice per sapere se erano al sangue, medie, o ben cotte, in altre parole, se erano cotte, *perfette!*

Il cibo che preparavano, come potrete immaginare cambiava a seconda delle regioni della loro patria italiana. Alcune della specialità di Nonnie includevano la sua pasta fatta in casa, il ragù, i ravioli, le lasagne, i tortellini, la polenta, e piatti a base di pollo. Nonnie, tuttavia, non era una purista. Il suo repertorio in cucina includeva di più dei piatti italiani. Settimanalmente, perlustrava i giornali per nuove ricette, leggeva libri di cucina e sperimentava con sue creazioni. (Anche il Nonno cucinava, ma solo nelle occasioni. Tuttavia i suoi tortellini, la pasta fatta in casa, e il ragù erano famosi nella nostra famiglia dopo che il Parkinson colpì Nonnie e le ha impedito di cucinare più avanti nella vita.) Le specialità della Nonna Guarino erano in qualche modo simili – pasta fatta in casa, sugo al pomodoro chiamato *zugu* in dialetto siciliano, pane, la pizza e il pollo. Entrambe le coppie dei tuoi bisnonni – gli Alberghini e i Guarino – allevavano in casa i propri polli, che erano considerati per questo cibo del popolo. Anche se alcuni piatti erano diversi dal nord Italia e non erano ripresi dalle famiglie siciliane americane, come i tortellini e la polenta, la differenza più grande nel cibo che preparavano era apprezzabile soprattutto negli ingredienti. Per esempio il ragù di Nonnie era fatto con la trinità di: cipolle – sedano – carote, i pomodori, una miscela di carne di manzo e di maiale finemente saltata, vino non acqua nella ricetta di base. La salsa di Nonna Guarino era preparata con cipolle e aglio, pomodori, e acqua ma niente vino o carne, anche se venivano aggiunti tutti i tipi di carne per pasti, come le bistecche, le polpette, e altro ancora.

Ora, andando indietro ancora di un'altra generazione, ci sono somiglianze anche nelle vite delle tue trisnonne in Italia

Maria Rosa (Rosina) Ranieri Alberghini e Giacoma Giglio Guarino. Leggendariamente e con ragione, erano considerate donne forti che hanno contribuito al benessere finanziario delle loro famiglie. Maria Rosa, ricordate, ha gestito il ristorante e negozio di alimentari a conduzione familiare; Giacoma percorreva le strade della città, vendendo il cibo dei suoi vicini di casa per fare un po' di guadagno per sé e per i vicini. Esse simboleggiavano l'ethos delle donne italiane e sono state adorate dai loro figli immigrati per le persone che erano e perché rappresentavano la famiglia e la madre patria italiana.

Ma che cosa significa tutto questo per noi come terza e quarta generazione di italo americani? Innanzitutto, abbiamo iniziato a sciogliere il dilemma italo americano. Sappiamo da dove siamo venuti. Conosciamo alcuni dei nostri antenati, quali poterebbero essere state le loro personalità, e possibilmente abbiamo visto somiglianze tra le loro esperienze, colmando così il divario tra il nord Italia e la Sicilia all'interno della nostra famiglia. Abbiamo iniziato a capire la loro cultura. Abbastanza inaspettatamente, ho visto come il nostro patrimonio italiano potrebbe essere utilizzato per modificare in modo creativo "il nostro ambiente da una cultura del razzismo ad una cultura di reciprocità con la bellezza della terra"[2] e potrebbe essere un giusto aiuto per le ingiustizie della società.

Sto parlando qui del movimento femminista soprattutto in America ma con un riconoscimento dello stesso in Italia; un movimento che continua ad esistere oggi, anche se forse più sottile, dove l'obiettivo comune è quello di abolire le ingiustizie sociali e politiche che, credo, seguendo la definizione del femminismo di Chivola Birnbaum (1986) condurrà alla creazione di un mondo migliore. Le femministe dei movimenti di entrambi i paesi sarebbero donne e uomini che, secondo Daly (1974), hanno abbattuto i muri della loro psiche "per diventare se stessi," persone che sono state in grado di fare questo perché hanno riconosciuto le varie influenze sulla loro identità, denunciando "la pseudo-realtà" di dominio sulla base di un sesso, e accettando chi o che cosa sono.

Hanno riconosciuto le loro forze e le loro debolezze. Essi hanno incontrato il loro io interiore e iniziato a confrontarsi con la loro "propria profondità dell'essere;" hanno cominciato a vivere al di fuori del verbo IO SONO.[3]

Una volta che le persone capiscono e accettano se stesse e diventano esseri, esistono più pienamente. Essi sono più in grado di lavorare in modo cooperativo con altre persone, sforzandosi di distruggere la fame, la povertà, le disuguaglianze, la minaccia di una guerra nucleare, e così via. In altre parole, essi stanno lavorando per abolire la violenza nel mondo; un valore, credo, che è coerente con il nostro patrimonio italiano.

Vi potrete chiedere, da dove vengono questi valori femministi? Il loro inizio si trova nella cultura della Madre Terra nel Mediterraneo anticipando il sistema patriarcale del Cristianesimo in cui le donne sono state scagliate nell'inferiorità. Essi riappaiono durante il grande movimento del Rinascimento in Italia del XIV al XVI secolo e ancora una volta torna in superficie attraverso le donne socialiste alla fine del 1800 e inizio 1900.

La Madre Terra che regnava attraverso il Mediterraneo ha istituito la cultura matriarcale. La Madre Terra è personificata come una donna associata a tutte le cose relative alla nascita – la terra, l'universo, l'umanità e così via. Nelle antiche religioni, lei è "una fonte eternamente feconda di tutto. . . . Lei semplicemente produce di tutto, inesauribile, da sola," senza bisogno della fecondazione.[4] Lei è il nutrimento, travolgente, cerca fusione con gli altri, cioè lei cerca relazioni e secondo le femministe italiane al giorno d'oggi, lei ad essi "trasmette una percezione di sé senza tempo" – tutto comincia, finisce e inizia di nuovo con lei.[5]

Il Femminismo del Rinascimento ha scritto in difesa della "dignità e capacità" delle donne. Le Femministe Rinascimentali sono cresciute all'interno del più ampio regno delle idee umanistiche e nella "famiglia intellettuale," come descritto da Sarah Gwyneth Ross in *La nascita del femminismo*, dove le figlie erano educate al fianco dei figli. Durante il periodo rinascimentale dell'umanesimo dove "il mondo delle idee"[6] si è esteso oltre la dottrina della Chiesa e dove gli "umanisti inventavano la loro filosofia"[7] basati sui valori dell'uomo e del genere femminile, le donne scrittrici non sono state emarginate. Invece, avendo le loro opinioni, erano considerate "collaboratrici attive alla cultura." Inoltre, "facendo lo stesso lavoro scientifico degli uomini" hanno contribuito a creare una "parità dei sessi" soprattutto "in materia di intelligenza."[8]

Le donne socialiste del 1890 inizio 1900, come descritte da Chiavola Birnbaum in *liberazione della donna – femminismo in Italia*, possono essere considerate le precorritrici del moderno femminismo. A seguito della piena unità d'Italia, le condizioni economiche cominciarono a cambiare, ma non per il meglio, come ci si poteva aspettare. Piuttosto, hanno cominciato a deteriorarsi. Una "polarità economica Nord-Sud" sviluppata dove la povertà della Sicilia e del sud era estrema e il nord diventava industrializzato. Le donne di tutta Italia, tuttavia, hanno affrontato condizioni insalubri – sia attraverso le circostanze della povertà sia negli ambienti delle industrie – stimolando l'attivismo tra di loro. Un gruppo socialista di donne siciliane del "1890 ha dichiarato: 'Non ci dovrebbero più essere ricchi o poveri. Tutti dovrebbero avere il pane per sé e per i propri figli. Dovremmo essere tutti uguali';" e, le dimostrazioni socialiste hanno prevalso. Teresa Noce, un'operaia tessile nel nord Italia all'età di sei anni, venne rapidamente a conoscenza delle "ingiustizie della vita della classe operaia" dove le persone come lei e suo fratello "dovevano lavorare dieci ore e mezza al giorno" e ancora sua madre, che lavorava anche lei, continuava a non riuscire a pagare l'affitto, comprava il pane solo a credito e non riusciva a comprare a Teresa un buon paio di scarpe o un libro da leggere. Queste esperienze l'hanno portata a diventare una socialista. E poi ci sono gli scioperi e le manifestazioni del 1917 durante la prima guerra mondiale. Nel nord Italia gli scioperi *per il pane e per la pace* sono stati iniziati dalle donne che, pur passando lunghe giornate di lavoro in fabbrica, non riuscivano a comprare il pane per le loro famiglie perché non c'era niente da comprare. Allo stesso modo, ci sono state manifestazioni siciliane da parte delle donne che protestavano contro la guerra portando striscioni in "sfilate di pace" che dicevano: "Vogliamo la pace e abbiamo fame."[9]

Qui c'è un'altra somiglianza tra gli sfondi culturali del nord Italia e quello siciliano. Le donne italiane in tutta Italia, ma particolar modo quelle del nord e della Sicilia, erano attiviste di uguale portata. Entrambe partecipavano a manifestazioni socialiste, scioperi, e quando, negli anni 1960, le "colte donne del Nord Italia" hanno iniziato il movimento femminista, le donne siciliane, specialmente quelle che vivevano in paese, furono il loro duplicato come capi risoluti e partecipanti.[10]

Anche se non conosco nessun attivismo a titolo socialista e femminista tra le nostre antenate – Maria Rosa, Laura, Giacoma, Michela – il mondo all'interno del quale vivevano corrispondeva a queste attività e pone la domanda – Erano femministe e socialiste e, se così fosse, in quale maniera? Che cosa hanno fatto?

Oggi, poi, la famiglia italiana e italo americana – la nostra famiglia – è cresciuta negli atteggiamenti umanistici che comprendono un centro femminista, può estendere i ruoli e i valori familiari nella società, contribuendo in tal modo alla creazione di una civiltà equa e giusta.

La partecipazione nella creazione di un mondo migliore avviene attraverso l'essere femminista di Mary Daly che vive fuori dal verbo IO SONO come descritto in *Al di là di Dio Padre*. I femministi, femmine o maschi, hanno partecipato attivamente a correggere le ingiustizie della società estendendosi in tuto il mondo a partire dal loro quartiere, ingiustizie che vanno dai diritti ineguali tra donne e uomini, sistemi ingiusti di assistenza sociale, trattamenti disumani degli altri, sia nelle carceri, traffico di esseri umani, sia nella società in generale, abuso delle donne o dei valori delle donne nei luoghi di lavoro, povertà, e la minaccia di una guerra nucleare, tra gli altri. Anche se l'obiettivo del femminismo cambia con il tempo e con il contesto sociale, per come la vedo, l'obiettivo è quello di lavorare per il bene comune di tutti.

Ricordate, ci sono molte influenze nelle vostre vite, che vi portano ad essere le persone che siete. Capendo il vostro patrimonio italiano e incontrando il vostro io interiore abbattendo i muri della vostra psiche avete gli strumenti per vivere al di fuori del verbo IO SONO. Dovete solo scegliere di utilizzare questa conoscenza di voi stessi e questi strumenti per lavorare in modo ottimale in cooperazione con gli altri verso la creazione di un mondo migliore.

Lavorare insieme ad altre persone, tuttavia, è basato sulle relazioni. Una relazione, qualsiasi relazione, è basata sulla interazione di generi uguali od opposti. Abbattere la psiche e diventare se stessi significa che puoi essere a tuo agio con il ruolo assegnato dalla società ad un altro genere. Per esempio, un uomo ha il potenziale di coltivare relazioni e gestire i bambini così facilmente come una donna. Per sviluppare queste capacità, tuttavia, gli uomini hanno bisogno di andare oltre i perimetri delle loro menti o quelli dei ruoli sociali che limitano le loro interazioni con gli altri. Gli uomini hanno bisogno di capire che "tendono ad avere difficoltà con le relazioni,"[11] e hanno bisogno di imparare a valorizzare e partecipare più intimamente nelle relazioni. Così loro potranno capire il valore delle emozioni delle donne. Saranno in grado di riconoscere e di adottare i punti di forza delle donne. Saranno capaci di accettare le donne come uguali.

Una donna può condurre e risolvere problemi logicamente così come un uomo. Il suo ruolo familiare di coltivare le relazioni, combinato con la sua esperienza di soddisfare le esigenze di tutti all'interno della famiglia, sono la prova che lei ha la capacità di risolvere problemi con l'ulteriore vantaggio di prendersi cura di tutti i soggetti coinvolti. La sua passione, forse cresciuta nel desiderio di connettersi con gli altri, di essere in relazione, come quella della Madre Terra, "connota molti tipi di amore" e può essere considerata entro i domini delle donne "della maternità, della religione, della politica, [e] del lavoro"[12] attività che riuniscono le persone per il bene comune. Data la condizione del nostro mondo, dobbiamo cominciare a risolvere i problemi in modo simile e collettivamente. Dobbiamo esercitare la nostra passione per coltivare relazioni tra e oltre le comunità di persone. Questo è attuale oggi così come lo era quando questo libro è stato scritto per la prima volta. Anche se negli ultimi trent'anni ci sono stati molti progressi nel garantire la parità di diritti per le donne, c'è ancora molto da fare. Guardate intorno a voi. Dove vedete la qualità di nutrire passione? Dove si potrebbero portare quegli stessi valori per contribuire a creare un mondo migliore?

Le relazioni, d'altronde, iniziano tra gli individui.

Quindi, figli miei, spero di avervi incoraggiato ad abbattere le mura della vostra psiche. Vi chiedo di accettare voi stessi e le donne. Credo che la vostra etnicità sia una buona base su cui sia possibile disegnare per raggiungere questo obiettivo. Come uomini italo americani, l'atteggiamento di conferire 'onore' alle donne può essere un punto di partenza con cui accettare le donne in generale. Poi potete cominciare ad imparare su voi stessi rispetto ai punti di forza delle donne già discussi. Avete anche il vantaggio della caratteristica dell'Italia settentrionale, di saper lavorare e vivere insieme in modo cooperativo. Così anche ricordate gli esempi dei vostri bisnonni, Nonno e Nonno Guarino, che hanno sopportato il dolore di portare i valori della loro terra d'origine in un paese straniero nel tentativo di migliorarli. Potete continuare a migliorare la loro visione usando la vostra etnia ed i suoi valori umanistici per raggiungere gli atteggiamenti femministi, entro questi valori si trova la fusione di uguale importanza maschile e femminile attraverso la miscela della struttura della famiglia italiana matriarcale e patriarcale.

E, a mia figlia, che le donne stesse hanno bisogno di riconoscere e accettare i loro punti di forza. Le donne sono state costrette ad una scarsa immagine di loro stesse perché la nostra società maschilista considera i nostri poteri di ragionamento emotivo una debolezza. Storicamente siamo state trattate come inferiori, cittadine di seconda classe. È tempo, dunque, per le donne di diventare autonome e sviluppare le loro identità separatamente, non lavorare contro gli uomini, ma con gli uomini.

Essendo una donna italo americana sei molto fortunata. Le

donne italiane sono sempre state apprezzate per i loro punti di forza, gli stessi punti di forza che la società americana ha tradizionalmente considerato come carenze. Le donne italiane hanno sempre combinato la famiglia con la carriera, o semplicemente scelto una carriera (le carriere erano al primo posto nella considerazione delle donne nella famiglia di Nonno). Hai, quindi, uno sfondo ricco come sistema di supporto. È possibile utilizzare questa conoscenza per sviluppare una buona autostima. E anche se i punti di forza delle tue bis, e trisnonne appaiono qui nel loro silenzio e nella loro determinazione, puoi utilizzare il loro esempio come fonte di incoraggiamento per la tua realizzazione. Puoi anche essere creativa con la tua etnia ed espandere il ruolo di 'colei che da la vita' al di là della famiglia portandolo sul posto di lavoro e nella comunità, sapendo che le donne hanno il potere di cambiare il mondo.

Per tutti voi, il vostro patrimonio italiano può essere una chiave per vivere una vita ben integrati.

Con tanto amore,

Mom

Family Recipes

I hope you enjoy these family recipes – all actual ingredients included, no family secret recipes here! Please keep in mind, though, that each person has her own variation of a recipe, that recipes vary within families and within regions. If you are interested in using these, they could be considered a starting point for adapting them to your own liking. Everyone has her or his own special tastes.

Northern Italian Ragù

Ingredients
- 3 tablespoons of olive oil
- 1 tablespoon of finely chopped fat from prosciutto (if available)
- 1 large onion
- 2 stalks of celery
- 2 carrots
- 1 clove of fresh garlic – finely chopped
- salt and pepper to taste
- a handful of fresh basil leaves – finely chopped
- freshly grated nutmeg
- ½ handful of fresh parsley – finely chopped
- ½-1 cup of red or white wine – usually it is either leftover wine or wine from a bottle that is already open
- ½ cup milk – if desired

3/4 lb ground beef – preferably chuck for flavor
¼ lb of ground pork
1 can (28 ounces) whole Italian tomatoes
a bit of heavy cream, if desired

Directions

Lightly brown the fat from the prosciutto in the oil. Then add the trinity of onion, carrots, and celery and cook a few minutes over medium to medium-low heat. Add the garlic and cook until all is soft and the onion is a light tan. Add the ground beef and ground pork, breaking it into small pieces as it goes into the pan. Cook over medium to medium-high heat, stirring frequently until brown. Add the wine and, if using milk, add it at the same time. Let it come to a slow boil, stirring occasionally (usually takes about 15 minutes). After the wine has evaporated, add the nutmeg to taste. Then add the tomatoes, breaking them down by squeezing them in your hands. Wash out the can with a small bit of water and add the contents to the pan. Add salt, pepper, and chopped herbs. Bring to a slow boil, then simmer for 2 hours, stirring occasionally. When serving, add a bit of heavy cream, if desired.

This is the primary ragù recipe of
Maria (Mary) Govoni Alberghini.
She had variations based on available ingredients, her experimentation
with food, and perhaps even for different occasions.

Sicilian Zugu

Ingredients

    ½ cup olive oil
    2 medium onions
    2 cloves of fresh garlic
    salt and pepper
    a handful of fresh basil – torn into pieces
    2 tablespoons or 2 large spoonfuls of sugar
    1 can (6 ounce) of tomato paste
    1 can (6 ounce) of water
    2 cans (28 ounces each) of crushed Italian tomatoes
    1 - 1½ cans (28 ounce) of water

Directions

Finely chop the onion and garlic. Sauté lightly in the olive oil over medium heat until browned. Add the crushed tomatoes and 28 ounce can or more of water by rinsing out the emptied cans of crushed tomatoes to gather up all of the tomato residue from the can. Bring to a low boil, then simmer for one hour, stirring occasionally. Add the tomato paste and 6 ounce can of water also by rinsing the emptied can of paste. Stir together thoroughly and let simmer for a few minutes. Then add the salt and pepper to taste, sugar, and fresh basil. Stirring occasionally, simmer for another hour.

This recipe blends those of
Anna Giacalone Guarino and Madeline Scola Ventimiglia

Notes

Preface

1. L. L. Langness, *The Life History in Anthropological Science* (New York: Holt, Rinehart and Winston, 1965), 45.
2. Ibid., 38, 32.
3. Ibid., 46, 47.
4. Sarah Gwyneth Ross, *The Birth of Feminism: Woman as Intellect in Renaissance Italy and England* (Cambridge, Massachusetts: Harvard University Press, 2009), 1.
5. Arvin Temkar, "Feeling Irish," *Globe Magazine, The Boston Sunday Globe* edition, March 15, 2015, 35.

The Letter Begins

1. The Italian word for grandmother is Nonna and for grandfather is Nonno. We used both in my family yet we used Nonnie instead of Nonna as a form of a nickname. My husband, Frank's, family called their grandparents Grandma and Grandpa.
2. Richard Gambino, *Blood of My Blood* (Toronto: Guernica, 1974), 40, 39.
3. Ibid., 362.
4. Nathan Glazer and Daniel Patrick Moynihan, *Beyond the Melting Pot: The Negroes, Puerto Ricans, Jews, Italians, and Irish of New York City*, 2nd ed. (Cambridge, MA: MIT Press, 1970), 288.
5. Gus explains that Dodici Morelli came to be when a rich woman left a portion of her property to its homesteaders. That property equaled twelve blocks; Dodici means twelve in Italian. It is likely, if this story is to be believed, that the woman's name was Morelli.

Yet, I have neither been able to confirm this story nor identify its
approximate time in history. It is a great story, though, wouldn't
you agree?

6. Gambino, *Blood of My Blood*, 15.
7. Ibid., 17.
8. Gambino (1974) writes about Sicilian women and the food they
prepare as being the center of *la famiglia* serving communion.
Yet, this is a model for women in all of Italy. Gambino
beautifully articulates that which I have found in my research and
observations of Northern Italian women then (1985) and now.
Further, this position of centrality is borne out by the work of
others, particularly those who describe the Italian mamma as the
symbol of family and homeland.
9. Gambino, *Blood of My Blood*, 161.
10. Count Carlo Sforza, *Italy and Italians*, trans. Edward Hutton (New
York: E. P. Dutton & Company, Inc., 1949), 67.
11. Gambino, *Blood of My Blood*, 160.
12. Ross, *The Birth of Feminism*, 6.
13. Gambino, *Blood of My Blood*, 169-170.
14. Christ's use of the word 'story' is all encompassing of the
articulation of women's experiences, such as the written expression
in books, poetry, or song, and even in conversations with others.
Although in 2015 there are more women's stories than in 1980
when *Diving Deep and Surfacing* was first published, on various
levels the issue remains, especially in relation to Italian and Italian
American women.
15. The National Organization of Italian American Women (NOIAW)
(noiaw.org) was established in the United States in 1980 and
has grown into an international organization. Its membership
is open to women and men of Italian and non-Italian descent.
It unites and connects women through their Italian culture and
heritage, celebrates the achievements of women of Italian ancestry,
and inspires and enriches members with shared interests, while
empowering and advancing the educational and professional
aspirations of current and future generations. NOIAW accomplishes
its mission through a variety of programs locally, nationally
and internationally, that include promoting the professional

achievements of women of Italian heritage, mentoring, offering scholarships and cultural exchange programs, and, fostering alliances with Italian and Italian American organizations in support of Italian history, culture and language. I was a member in the mid-1980s and joined again in 2016. I encourage anyone interested in Italian history and culture to consider membership. Now, my endorsement of NOIAW does not indicate an organizational endorsement of this book. Prior to publication, a member representative had not read it.

16. Gambino, *Blood of My Blood*, 128, 131.
17. Ibid., 138.
18. Ibid., 143.
19. Ibid., 3.
20. M. Irma Alberghini McGuff, Interview with author, 25 June 1985.
21. Edward C. Banfield, *The Moral Basis of a Backward Society* (New York: The Free Press, 1958), 144.
22. The Sicilian and Southern Italian family unit consisting only of mother, father, and children, common in earlier times and during the first half of the twentieth century, is likely nonexistent today. Rather, the extended family of Northern Italy is undoubtedly also found now in Sicily and Southern Italy.
23. Ibid.
24. Stephen Puleo, *The Boston Italians* (Boston: Beacon Press, 2007), 87.
25. Ibid.

Ancestor Profiles

1. Gambino, *Blood of My Blood*, 147.
2. Andrew Rolle, *The Italian Americans: Troubled Roots* (Norman, Oklahoma: University of Oklahoma Press, 1980), 31.
3. Nonnie became ill with Parkinson's Disease in 1958. When her disease progressed to the point that she could no longer climb stairs, Nonno and Nonnie sub-divided their lot of land, then built and lived in a one-story white Ranch home behind their white Dutch Colonial.
4. M. Irma Alberghini McGuff, personal communication with the author, 11 January 2016.

5. James T. Teahan, *The Pinocchio of C. Collodi* (New York: Schocken Books, 1985), 186.
6. Ibid., 184.
7. Banfield, *The Moral Basis of a Backward Society,* 104.
8. Since this piece was originally written, I've uncovered further research into the story and symbolism of Pinocchio. Parts of the story about Pinocchio in Maria (Mary) Govoni's profile, then, may vary according to other interpretations.
9. This may seem strange, Luigi Ranieri, a ten-year-old boy moving to another town with only his older sister, Maria Rosa, to help open a grocery story. Yet keep in mind, during this period in history, boys as young as twelve years of age were traveling alone by ship to a new world, migrating to America.
10. Avv Marco Calabrese, email to the author regarding the Reform of Family Law, article 143-bis of the Civil Code, 30 October 2015.
11. La Partecipanza di Agraria in Pieve di Cento, which originated in the twelfth century, still exists today and its organizational structure continues in the same 1400s version, when the organization was last modified.
12. Danilo Dolci, *Sicilian Lives* (New York: Pantheon Books, 1981), 23.
13. Ernest Hauser, *Italy: A Cultural Guide* (New York: Atheneum, 1981), 124.
14. Dolci, *Sicilian Lives,* XV.
15. Ibid., 25-27.
16. Gambino, *Blood of My Blood,* 213.
17. Giuseppe Guarino, Interview with author, 31 May 1985.
18. Ibid.
19. Ibid.
20. Ibid.
21. Giuseppe Guarino Interview with author, 23 August 1985.
22. Michela Tumberella's surname is recorded with different spellings on various documents. This phenomenon is common among immigrant records. However, the variations of Michela's surname are significantly different than what is typically found.
23. Guarino, Interview, 31 May 1985.

In Closing

1. Richard Gambino, *Blood of My Blood*, 160
2. Mary Daly, *Beyond God the Father: Toward a Philosophy of Women's Liberation* (Boston: Beacon Press, 1974), 178.
3. Ibid., 172, 36.
4. *Encyclopedia Britannica*, 15th ed., s.v. "earth mother."
5. Lucia Chiavola Birnbaum, *liberazione della donna: feminism in Italy* (Middleton, CT: Wesleyan University Press, 1986), 259.
6. Ross, *The Birth of Feminism*, 1,2, 6.
7. Hauser, *Italy: A Cultural Guide*, 126.
8. Ross, *The Birth of Feminism*, 1, 10.
9. Chiavola Birnbaum, *liberazione della donna*, 14, 13, 17, 24.
10. Ibid., xvi
11. Carol Gilligan, *In a Different Voice: Psychological Theory and Women's Development* (Cambridge, Massachusetts: Harvard University Press, 1982), 8.
12. Chiavola Birnbaum, *liberazione della donna*, 10, 174.

Bibliography

Books and Articles

Alba, Richard D. *Italian Americans: Into the Twilight of Ethnicity.* Englewood Cliffs, New Jersey: Prentice Hall, 1985.

Anthony, Deborah J. "A Spouse by Any Other Name." *William & Mary Journal of Women and The Law* 17, no. 1 (2010): 187-222.

Banfield, Edward B. *The Moral Basis of a Backward Society.* New York: The Free Press, 1958.

Barzini, Luigi. *The Italians.* New York: Simon & Schuster, 1996.

Caso, Adolph. *Mass Media vs. The Italian Americans.* Brookline Village, MA: Branden Publishing Company, 1984.

Chiavola Birnbaum, Lucia. *Liberazione della donna: feminism in Italy.* Middleton, CT: Wesleyan University Press, 1986.

Christ, Carol P. *Diving Deep and Surfacing.* Boston: Beacon Press, 1980.

Daly, Mary. *Beyond God the Father: Towards a Philosophy of Women's Liberation.* Boston: Beacon Press, 1974.

Doane, Gilbert H. *Searching for Your Ancestors.* Minneapolis: University of Minnesota Press, 1973.

Dolci, Danilo. *Sicilian Lives.* New York: Pantheon Books, 1981.

Gambino, Richard. *Blood of My Blood.* Toronto: Guernica, 1974.

Gilligan, Carol. *In a Different Voice: Psychological Theory and Women's Development.* Cambridge, Massachusetts: Harvard University Press, 1982.

Glazer, Nathan, and Daniel Patrick Moynihan. *Beyond the Melting Pot: The Negroes, Puerto Ricans, Jews, Italians, and Irish of New York,* 2nd ed. Cambridge, MA: MIT Press, 1970.

Hauser, Ernest. *Italy: A Cultural Guide.* New York: Atheneum, 1981.

Langness, L. L. *The Life History in Anthropological Science.* New York: Holt, Rinehart and Winston, 1965.

Mack Smith, Denis. *Italy: A Modern History.* Ann Arbor: The University of Michigan Press, 1969.

Puleo, Stephen. *The Boston Italians.* Boston: Beacon Press, 2007.

Rabboni, Renzo, ed. *Nulla Osta Per Il Mondo: L'Emigrazione Da Renazzo* [Nothing Precludes the World: Emigration from Renazzo]. Cento, FE, Italy: Siaca Arti Grafiche, 2013.

Rolle, Andrew. *The Italian Americans: Troubled Roots.* Norman, Oklahoma: University of Oklahoma Press, 1980.

Ross, Sarah Gwyneth. *The Birth of Feminism: Woman as Intellect in Renaissance Italy and England.* Cambridge, Massachusetts: Harvard University Press, 2009.

Sforza, Count Carlo. *Italy and Italians.* Translated by Edward Hutton. New York: E. P. Dutton & Company, Inc., 1949.

Teahan, James T. *The Pinocchio of C. Collodi.* New York: Schocken Books, 1985.

Temkar, Arvin. "Feeling Irish." *Globe Magazine, The Boston Sunday Globe* edition, March 15, 2015.

Interviews

Alberghini, Pauline E. Bresette. Interviews and personal communications with the author, August 1985 through January 2016.

Benotti, Elena Cevolani. Interview in her home with the author, 4 September 1985.

Govoni, Augusto (Gus). Interview in his home with Maria McGuff, 5 November 1982.

——. Interview in his home with the author, 25 June 1985.

Guarino, Giuseppe. Interview in his home with the author, 31 May 1985.

——. Interview in his home with the author, 23 August 1985.

McGuff, M. Irma Alberghini. Interview in her home with the author, 25 June 1985.

——. Personal communications with the author, June 1985 through January 2016.

Ventimiglia, Madeline Scola. Interview in her home with the author, 30 May 1985.

——. Interview in her home with the author, 20 June 1985.

——. Interview in her home with the author, 21 August 1985.

Ventimiglia, Mary Guarino. Personal communications with the author, May 1985 through January 2016.

Please Note: The resources used for this work span a period of more than sixty years where some may be considered old and out-of-date. Yet, those older resources are closer to the immigrant experience of our Alberghini and Guarino family ancestors and their lives in Italy and provide a particularized view. The newer resources provide a wide-angle view, giving depth and breadth to understanding their experiences within the context of our current knowledge. Both are needed to realize the complexity of the past.

Index

About the Author and Translator

Laura M. Alberghini Ventimiglia, Ed.D. and Diletta Ballati

Upon her retirement from higher education as an administrator, author, and educator, Laura turned to her passion and began a new career as a researcher and writer of her Italian heritage. In 2015, she established Buttieri Press, LLC, a publishing imprint company, to support the preservation of family histories. She travels to Italy frequently to conduct research, collaborate with relatives and other professionals, and visit family. Diletta is a student at Università di Bologna, Scuola di Giurisprudenza (The University of Bologna, School of Law). The University of Bologna is the oldest university in the world, founded in 1088. Diletta is also passionate about preserving family history and considers herself "an old soul."

Laura and Diletta are third cousins once removed. Their American and Italian families were re-united after nearly forty years when Laura's sister, Lisa, and brother, John, made trips to Italy. Lisa visited Renazzo in 2013, knocked on doors in search of their Italian relatives and found them in the original homestead. John visited Renazzo later in 2013, introduced the family to Laura's research from 1985 and, with them, developed the first version of the Ranieri-Tassinari Family Tree. Laura and Diletta met in November 2014 on Laura's first trip to Italy, fulfilling her thirty-year-old dream of visiting her ancestral towns. It was a "magical" visit, as Diletta, describes it – meeting each other for the first time and spending a week researching their ancestors. They teamed up with Diletta's twin sister, Alicia, and their grandmother, Raffaella Tassinari Ballati. Raffaella and Laura are second cousins once removed.

Sull'autore e il traduttore

Laura M. Alberghini Ventimiglia, Ed.D. e Diletta Ballati

Al suo ritiro, in America, dall'istruzione superiore come amministratrice, autrice ed educatrice, Laura ha seguito la sua passione e ha iniziato una nuova carriera come ricercatrice e scrittrice della sua eredità italiana. Nel 2015 ha fondato la "Buttieri Press LLC," una società di stampo editoriale, per favorire la conservazione della storie di famiglia. Ha viaggiato spesso in Italia per condurre ricerche, collaborare con i parenti e i professionisti, e visitare la famiglia. Diletta è una studentessa presso l'Università di Bologna, Scuola di Giurisprudenza. L'Università di Bologna è la più antica d'Europa, fondata nel 1088. Diletta è anche interessata alla conservazione della storia di famiglia e considera se stessa come 'una vecchia anima.'

Laura e Diletta sono cugine di terzo grado. Le loro famiglie Americane e Italiane si sono riunite dopo quasi quarant'anni quando la sorella di Laura, Lisa, e il fratello, John, sono andati in viaggio in Italia. Lisa ha visitato Renazzo nel 2013, ha bussato alle porte in cerca dei suoi parenti italiani e li ha trovati nella casa originale. John ha visitato Renazzo alla fine del 2013, presentando alla famiglia le ricerche di Laura dal 1985 e, con loro, ha sviluppato la prima versione dell'albero genealogico della famiglia Ranieri-Tassinari. Laura e Diletta si sono conosciute nel Novembre del 2014 nel primo viaggio di Laura in Italia, portando a compimento il suo sogno per più di trent'anni visitando i suoi paesi d'origine. È stata una visita 'magica,' usando le parole di Diletta – incontrarsi l'una con l'altra e trascorrere una settimana cercando i loro antenati. Hanno collaborato con la sorella gemella di Diletta, Alicia, e la loro nonna, Raffaella Tassinari Ballati. Raffaella e Laura sono cugine di secondo grado.